NASREDDİN HOCA FIKRALARI

نصر الدين خواجه

فقره لرى

NASREDDİN HOCA FIKRALARI
3. Kitap

Hazırlayan
Uğur Demir

Yayın Yönetmeni
Mustafa Karagüllüoğlu

© Yeditepe Yayınevi
T.C. Kültür ve Turizm Bakanlığı
Sertifika No: 16427

ISBN: 978-605-4052-85-1

Yeditepe Yayınevi: 161
Edebiyat Dizisi: 3

1. Baskı: Ekim 2011
2. Baskı: Nisan 2014

Dizgi
Fazılhak Nergiz, Aziz Ençakar

Sayfa Düzeni
İrfan Güngörür

Kapak Tasarımı
Sercan Arslan

Baskı-Cilt
Şenyıldız Yay. Matbaacılık Ltd. Şti.
Gümüşsuyu Cad. No:3/2 - Topkapı / İstanbul
Tel: 0212 483 47 91-92 (Sertifika No: 11964)

YEDİTEPE YAYINEVİ
Çatalçeşme Sk. No: 27/15 34410 Cağaloğlu-İstanbul
Tel: (0212) 528 47 53 Faks: (0212) 512 33 78
www.yeditepeyayinevi.com | bilgi@yeditepeyayinevi.com
Online sipariş: www.kitapadresi.com

NASREDDİN HOCA FIKRALARI

3. Kitap

نصر الدين خواجه

فقره لرى

Hazırlayan
Uğur Demir

YEDİTEPE ▲▲▲

İstanbul 2014

ÖNSÖZ

Elinizdeki kitap, "Bahaî" mahlasıyla Veled Çelebi İzbudak tarafından derlenen ve 1910'da "Letâif-i Nasreddîn Hoca" adıyla yayınlanan eserden hareketle hazırlandı. Veled Çelebi'nin yayına hazırladığı "Letâif-i Nasreddîn Hoca" adlı çalışma birkaç açıdan önemlidir. Öncelikle yazma bir nüsha, kütüphanelerin tozlu raflarından kurtarılmış, matbu olarak yayınlanmış ve böylece fıkraların daha geniş kitlelere ulaşması sağlanmıştır. Eseri önemli kılan bir diğer yönü de halk arasında şifahen aktarılan Nasreddin Hoca fıkralarını bir araya getirmesidir. Böylece bir süre sonra unutulması muhtemel olan fıkralar bu derleme ile günümüze kadar ulaşmış ve yazılı hâle getirilmiştir. Fıkralarla ilgili çizimlere yer verilmesi de eserin bir diğer önemli ve zengin yönüdür. 1910'daki bu baskıdan sonra Nasreddin Hoca fıkralarına olan ilgi daha da artmış ve fıkralar hakkında ilk ilmî çalışmalar yapılmaya başlanmıştır.

Letâif-i Nasreddîn Hoca'nın tarafımızdan seçilmesinin nedeni dilinin, Osmanlı Türkçesi'ne yeni başlayanlar için oldukça sade olmasıdır. Yine de okumayı kolaylaştırmak için anlamının bilinmediğini tahmin ettiğimiz kelimelerin sözlük anlamlarını sayfa altlarında verdik. Ayrıca Veled Çelebi'nin biraraya getirdiği fıkraların birkaçının dili ağır olduğundan ve giriş ile sonuç bölümlerini böyle bir okuma kitabında gerekli görmediğimizden hazırladığımız bu çalışmaya almadık. Eserin orijinal diline fazla müdahale etmedik ancak günümüz Türkçesi'ne çevirirken tam transkiripsiyon da uygulamadık, Türkçe fiillerin sonundaki (ـپ) harflerini "p" şeklinde yazdık. Çalışmanın sonuna Osmanlı Türkçesi'ne başlayanların müracaat edebilecekleri sözlüklere, deyim ve terimlerle ilgili eserlere dair genel bir bibliyografya ilave ettik.

Uğur Demir
Ümraniye - 2011

V

NASREDDİN HOCA
FIKRALARI

نصر الدين خواجه
فقره لرى

(Latîfe): Hoca bir aralık zeytun satarmış. Bir kadın gelmiş. Zeytunu begenüp fakat fiyâtını biraz ziyâdece buldığından i'tirâz etmekle Hoca "Hanım! Bu öyle ham, çürük zeytunlardan degildir. Kemâlinde toplanup husûsî olarak i'tinâ ile yapılmışdır. İnanmazsan bir dane yi de bak! Bundaki halâveti[1] hiç ömründe başka zeytun danelerinde gördin mi? Bunda öyle acılık, kekrelik[2] arama. Yağı da en birinci yağlardandır. İnsânın ağzında bir müddet en nefîs bir lezzet hâsıl olur. Çâşnisi halâldır, çekinme! Para vereceksin" dedikde kadın "Sen beni bilirsin! Arka sokakda, bağçesi size bitişik, merhûm Timuroğlu Hâcı Satı'nın haremiyim. Bizim efendi ile pekiyi görüşürdiniz. Onunçün eger i'timâd edersen viresi[3] almak isterim" demekle Hoca "İyi a cânım. Onun çâresine bakarız. Hele sen bir kere maldan hoşnûd ol!" diye elindeki zeytun danesini kadına uzatmağla kadın "Afv edersiniz! Üç sene evvel Ramazan'da hastalanup yedi gün orucu yedigim cihetle şimdi hazır kışın kısa günlerinde onu kazâ ediyorum" deyince Hoca der ki: "Yavrum! Sen viresi zeytun almak istiyorsun! Hâlbu ki bir kul böyle Hâlıkının farzını edâ etmeyüp de senelerce sallarsa halka olan karzına[4] ne kadar ehemmiyet verir?"

---

[1] Halâvet: Tatlılık, şirinlik.
[2] Kekre: Ekşi.
[3] Viresi: Veresiye.
[4] Karz: Borç.

《 لطیفه 》 خواجه بر آرالق زیتون صاتارمش. بر قادین کلمش.
زیتونی بکه‌نوب فقط فیأتی براز زیاده‌جه بولدیغندن اعتراض ایتمکله
خواجه «خانم! بو اویله خام، چوروك زیتونلردن دکلدر. کمالنده
طوپلانوب خصوصی اوله‌رق اعتنا ایله یاپلمشدر. اینانمزسه‌ك
بر دانه یی ده باق! بونده‌کی حلاوتی هیچ عمرکده باشقه زیتون
دانه‌لرینده گوردیکمی؟ بونده اویله آجیلق، ككره‌لك آرامه. یاغی
ده اك بیرنجی یاغلردندر. انسانك آغزینده بر مدت اك نفیس بر
لذت حاصل اولور. چاشنیسی حلالدر، چکینمه! پاره ویره‌جکسین
» دیدیکده قادین «سن بنی بیلیرسین! آرقه سوقاقده، باغچه‌سی سزه
بیتیشیك، مرحوم بك تمیر اوغلی حاجی صاتی نك حرمی یم. یزم
افندی ایله بك ایی گوروشوردیكز. اونكجون اکر اعتماد ایدرسه‌ك
ویره‌سی آلمق ایسترم» دیمکله خواجه «ای آجانم. اونك چاره‌سینه
باقاریز. هله سن بر کره مالده خوشنود اول!» دییه النده‌کی زیتون
دانه‌سینی قادینه اوزاتمغله قادین «عفو ایدرسیکز! اوچ سنه اول
رمضانده خسته‌لانوب یدی گون اوروجی ییدیکم جهتله شیمدی
حاضر قیشك قیصه گونلرینده اونی قضا ایدییورم» دیینجه خواجه
دیرکه: «یاوروم! سن ویره‌سی زیتون آلمق ایسته‌یورسین! حال بوکه
بر قول بویله خالقنك فرضینی ادا ایتمه‌یوب ده سنه‌لرجه صالالارسه
خلقه اولان فرضینه نه قدر اهمیت ویریر؟»

(Latîfe): Hâkim efendi da'vet edüp yanında aşçıya kaymaklı incir tatlısı emr etmiş. Yemek bitmiş, incir tatlısı gelmemiş. Hoca mahzûn olmuş. Fakat sesini çıkarmamış. Yatsı namâzasından sonra hâkim "Efendi! Teberrüken bir hizb[5] okuyunuz da safâ-yı rûhânî hâsıl edelim" dedi. Hoca ba'de'l-besmele "... Ve'z-zeytun aleh" diye başlamakla hâkim serîrden[6] "Efendi! (Vettini)'yi unutdın mı?" deyince Hoca "Onu ben degil, siz unutdınız!" demekle meclisin inbisâtını mûcib olmuş, Hoca bir da'vet daha kazanmış.

(Latîfe): "Öyle bir şehlâ[7] gözlere mâlik insânı cin çarpar gibi musahhar[8] ediyor" diye Hoca'yı kulakdan âşk edüp bir şaşı kadın almışlar. Hoca akşama bir tabak kaymak alup getirmiş, sofraya koymuş. Kadın "Bizim kimimiz var? Bir tabak kaymak alsaydınız elverirdi. Bu iki tabak isrâfdır!" deyince Hoca "Bizim evde ta'âmen birini iki görmek fenâ bir şey degil. Benim işime gelir" diye latîfeleşerek ta'âma başlayacakları sırada kadın "Efendim afv edersiniz! Beni siz nâmûssuz zan ederseniz yanılıgelirsiniz! O, yanınızdaki Hoca kimdir?" diye Hoca'yı da iki görünce "Hoca yo....k! Bak kadın! Bizim evde her şeyi iki ve daha ziyâde görebilirsin. Fakat kocanı bir!.." demişdir.

(Latîfe): Ahibbâdan birinin hânesine gitdi. Bal kaymak ikrâm etdiler. Kaymağı, ekmegi bitirdikden sonra bâki kalan balı parmak parmak yimege başladı. Hâne sâhibi "Ekmeksiz bal içini yakar! Deyince Hoca merhûm hem kaseyi sünnetlemeye gayret edüp hem de "Kimin içi yandığını Allah bilir!" demişdir.

---

[5] Hizb: Kısım, vird gibi sürekli okunan şey.
[6] Serîr: Oturulacak yer.
[7] Şehlâ: Koyu mavi göz.
[8] Musahhar: Ele geçirme.

﴿ لطيفه ﴾ حاكم افندى دعوت ايدوب ياننده آشجى يه قايماقلى اينجير طاتليسى امر ايتمش. يمك بيتمش، اينجير طاتليسى كلمهمش. خواجه محزون اولمش. فقط سسينى چيقارمامش. ياتسى نمازندن صوڭره حاكم «افندى! تبركاً بر حزب اوقويكزده صفار روحانى حاصل ايدهليم» ديدى. خواجه بعد البسمله «﴿ ... والزيتون الخ﴾» دييه باشلامقله حاكم سريردن «افندى! (والتين) يى اونوتديڭمى؟» خواجه «اونى بن دكل؛ سز اونوتديڭز!» ديمكله مجلسك انبساطينى موجب اولمش، خواجه بر دعوت دها قازانمشدر.

﴿ لطيفه ﴾ «اويله بر شهلا گوزلره مالك كه انسانى جن چارپار گيبى مسخر ايدييور» دييه خواجهيى قولاقدن عاشق ايدوب بر شاشى قادين آلمشلر. خواجه آقشامه بر طباق قايماق آلوب كتيرمش؛ صوفرهيه قويمش. قادين «بزم كيمز وار؟ بر طباق قايماق آلسهيديڭز ال ويريدى. بو ايكى طباق اسرافدر!» دييىجه خواجه «بزم اوده طعامك برينى ايكى ايكى گورمك فنا بر شى دكل. بنم ايشيمه گلير» دييه لطيفهلشهرك طعامه باشلايهجقلرى صيرهده قادين «افنديم عفو ايدرسيڭز! بنى سز ناموسسز ظن ايدرسهڭز ياڭيليرسيڭز! او؛ يانڭزدهكى خواجه كيمدر؟» دييه خواجهيى ده ايكى گورنجه «خواجه يو...ق! باق قادين! بزم أوده هر شيئى ايكى ودها زياده گورهبيليرسين. فقط قوجهڭى بير!...» ديمشدر.

﴿ لطيفه ﴾ احبابندن برينك خانهسينه كيتدى. بال قايماق اكرام ايتديلر. قايماغى، اكمكى بيتيرديكدن صوڭره باقى بالى بالى پارماق پارماق ييمكه باشلادى. خانه صاحبى «اكمكسز بال ايچكى ياقار!» دييىجه خواجه هم كاسهيى سُنّتلهمهيه غيرت ايدوب هم ده «كيمك ايچى ياندىغينى الله بيلير!» ديمشدر.

(Latîfe): Düğün evinde yemek yenilmekde olduğunu tahmîn etdigi bir zamânda bir kâğıdı dürüp büküp bir zarfa koyarak kapuyu çaldı" Ne istersin?" dediklerinde "Hâne sâhibine mektûb getirdim!" demekle uşak içeri bırakdı. Hoca heman selâm verüp hâne sâhibine kâğıdı tutuşdurmakla berâber sofraya çekdi, yemegi atışdırmağa başladı. Hâne sâhibi "Bunun üzeri yazılı değildir!" deyince Hoca "Efendim! Kusûrâ bakmayınız. Aceleye geldiginden onun içi de yazılı degildir!" demişdir.

(Latîfe): Merkeb ile giderken hayvanın egilüp kokladığı merkeb tezeklerini yem torbasına doldurup akşam boynına asdı. Hayvan huysuzluk edüp başını silkerek torbayı çıkarmağa çalışdığını görünce "Bana kahrın ne? Sen begendin, ben doldurdım!" dedi.

(Latîfe): Hoca bir aralık turşuculığa başladı. Bir turşucının bütün edevâtını, hatta merkebini satın almışdı. Hayvan alışık olduğu ve i'tiyâd eyledigi vechle- ale'l-ekser turşu alan hânelerin önüne geldikce ve galabalık sokak aralarına vâsıl oldıkca Hoca'ya "Turşu!" diye haykırmaya meydan vermeden anırmağa başlarmış. Bî-çârenin hevesi karnında kalmış. Yine bir gün galabalık bir mahalde Hoca hazırlanup savt-i bülend ile "Turşu!.." diyecegi anda yine eşek sebkat edüp zırlamağa başlayınca Hoca artık kızup "Baksan a, arkadaş! Turşuyu sen mi satavaksın? Yoksa ben mi?.." demişdir.

(Latîfe): Eşegine (keven) yükleyüp kendi kendine "Acabâ yaş keven, kurusu gibi birden bire hârlayup yanar mı ki?" diye bir

﴿ **لطیفه** ﴾ دوکون اونده یمك ینلمکده اولدیغینی تخمین ایتدیکی بر زمانده بر کاغدی دوروب بوکوب بر ظرفه قویه‌رق قاپویی چالدی. «نه ایسترسین؟» دیدیکلرینده «خانه صاحبینه مکتوب گتیردیم!» دیمکله اوشاق ایچری بیراقدی. خواجه همان سلام ویروب خانه صاحبنه کاغدی طوتوشدورمقله برابر صوفره‌یه چوکدی، یمکی آتیشدیرمغه باشلادی. خانه صاحبی «بونك اوزری یازیلی دکلدر!» دیینجه خواجه «افندیم! قصوره باقمایيكز. عجله‌یه گلدیکندن اونك ایچی ده یازیلی دکلدر!» دیمشدر.

﴿ **لطیفه** ﴾ مرکب ایله گیدرکن حیوانك اكیلوب قوقلادیغی مرکب تزَکلرینی یم طورباسینه طولدوبوب آقشام بوینینه آسدی. حیوان خویسزلق ایدوب باشینی سیلکه‌رك طوربه‌یی چیقارمغه چالیشدیغنی گورنجه «بگا قهرك نه؟ سن بکندیك، بن طولدوردیم» دیدی.

﴿ **لطیفه** ﴾ خواجه بر آرالق طورشوجیلغه باشلادی. بر طورشوجینك بوتون ادواتینی، حتّی مرکبینی صاتین آلمشدی. حیوان ـآلیشیق اولدیغی واعتیاد ایله‌دیکی وجهله‌ علی الاکثر طورشو آلان خانه‌لرك اوگینه کلدیکجه وغلبه‌لق سوقاق آرالرینه واصل اولدقجه خواجه‌یه «طورشو!» دییه هایقیرمه‌یه میدان ویرمه‌یه‌رك آگیرمغه باشلارمش. بیچاره‌نك هوسی قارنینده قالمش. یینه بر گون غلبه‌لق بر خواجه حاضرلانوب صوت بلند ایله «طورشو!...» دییه‌جکی آنده یینه اشك شبقت ایدوب ظیرلامغه باشلاینجه خواجه آرتیق قیزوب «باقسه‌كُ آ، آرقه‌داش! طورشویی سنمی صاته‌جقسین! یوقسه بنمی؟...» دیمشدر.

﴿ **لطیفه** ﴾ اشکینه (گه‌وه‌ن) یوکله‌توب کندی کندینه «عجبا یاش گه‌وه‌ن؛ قوروسی گیبی برده بره خارلایوب یانارمی که؟» دییه بر

٧

tarafından ateşi gösteri verince gayet sert esmekde olan rûzgâr i'ânesiyle birden bire her tarafını ateş sarı verdi. Dehşetli bir çatırtı kopup şu'lesi göl yüzine direk gibi uzadı. Zavallı merkeb çıldırup hem koşar, hem anırır, hem de muttasıl zarta çeker, çifte atardı. Hoca merkebe yetişemeyecegini, yetişse bile yanaşamayacağını anlayınca âvâzı çıkdığı kadar haykırarak "Aklın var ise doğru göle koş!" demişdir.

(Latîfe): Sûbaşının merkebi gaib olmuş. Adamları Hoca'yı bagına giderken görüp "Efendi! Biz hepimiz bir semte dağılup arayacağız. Hazır gidiyorsun, sen de bağlar arasına bakı ver!" demişler. Hoca türkü söyleyerek bağlar arasında gezermiş. Biri rast gelüp suâl, cevâbdan sonra "Bu ne biçim eşek arayış?" deyince Hoca "İl, ilin eşegini türkü çağıra çağıra arar!" demişdir.

(Latîfe): Vâlidesi Hoca'yı bir kazzâz[9] yanına çırak vermişdi. İki sene- ale'd-devâm- gidüp geldikden sonra birgün vâlidesi "Ey oğlum! Neler ögrendin bakalım!" demekle cevâben "Valide! Du'ânız berekâtıyla san'atın yarısını ögrendim. Ya'ni bükülmüş şeyleri çözebiliyorum. Şimdi öbür yarısı kaldı ki bükmekden ibâret. Himmetinizle birkaç senede çabucak onu da elde ederim" demiş.

(Latîfe): Kilimden kocaman bir minder yüzini pazara satmağa götürüp mu'âyene eden müşteriler "Bu delik, deşik bir şeydir. Nâfile para etmez!" dediklerinde "Sübhanallah! Almağa merâkınız yok. Bârî bir müslümânın malını halka karşı lekelemeyin! Bunun içindeki yünü vâlidem daha şimdi boşaltdı. Bir danesi bile dökülmemişdi" dedi.

---

[9] Kazzâz: İpekçi.

طرفندن آتشی گوستری ویرنجه غایت سرت اسمكده اولان روزگار اعانه‌سیله بردن بره هر طرفینی آتش صاری ویردی. دهشتلی بر چاتیرتی قوپوب شعله‌سی گوك یوزینه دیرك گیبی اوزادی. زواللی مركب چیلدیروب هم قوشار، هم آگیرر، هم ده متصل ضرطه چكر، چیفته آتاردی. خواجه مركبه یتیشه‌مه‌یه‌جگنی، یتیشسه بیله یاناشه‌مایه‌جغنی آگلاینجه آوازی چیقدیغی قدر هایقیره‌رق «عقللك وار ایسه طوغری گوله قوش!» دیمشدر.

﴾ لطیفه ﴿ صو باشینك مركبی غائب اولمش. آداملری خواجه‌یی باغینه گیدركن كوروب «افندی! بز هپمز بر سمته طاغیلوب آرایه‌جغز. حاضر گیدییورسین، سن ده باغلر آراسینه باقی ویر!» دیمشلر. خواجه توركی سویله‌یه‌رك باغلر آراسنده گزرمش. بیری راست گلوب سؤال، جوابدن صوگره «بو نه‌بیچیم اشك آراییش؟» دیینجه خواجه «ایل؛ ایلك اشكینی توركی چاغیره چاغیره آرار!» دیمشدر.

﴾ لطیفه ﴿ والده‌سی خواجه‌یی بر قزاز یانینه چیراق ویرمشدی. ایكی سنه _علی الدوام_ گیدوب گلدیكدن صوكره بر گون والده‌سی «ای اوغلم! نه‌لر اوكرندیك باقه‌لم!» دیمكله جواباً «والده! دعاكز بركاتیله صنعتك یاریسنی اوكره‌ندیم. یعنی بوكلمش شیلری چوزه‌بیلیورم. شیمدی اوبر یاریسی قالدی كه بوكمكدن عبارت. همتكزله بر قاچ سنه‌ده چابوجاق اونی ده الده ایدرم» دیمش.

﴾ لطیفه ﴿ كیلیمدن قوجه‌مان بر میندر یوزینی پازاره صاتمغه گوتوروب معاینع ایدن مشتریلر «بو دلیك، دشیك بر شیدر. نافله پاره ایتمز!» دیدیكلرینده «سبحان الله! آلمغه مرامكز یوق. باری بر مسمانك مالینی خلقه قارشی لكه‌له‌مه‌یك! بونك ایچنده‌كی یوگی والدم دها شیمدی بوشالتدی. بر دانه‌سی بیله دوكولمه‌مشدی!» دیدی.

٩

(Latîfe): Hoca akşam üzeri hânesine avdet ederken mahallesinin çocuklarından biri gelüp "Hoca Efendi! Şu çocuk benim kulağımı ısırdı" diye şikâyet eyledigi sırada o çocuk da "Hayır, ben ısırmadım, kendi ısırdı!" deyince Hoca "Sus! Haşarı, bu zavallı deve mi ki kendi kulağını ısırabilsin" demişdir.

(Latîfe): Hoca'nın cânı çorba istedi. "Şimdi üstü naneli nazlı bir çorba olsa da yisem" diye tahayyül edüp dururken kapu çalınarak komşu çocugu elinde tas ile içeri girüp "Anam hastadır, bir parça çorba vereceksiniz" deyince Hoca "Bizim komşular da mâlîhulyâdan[10] koku alıyorlar" demişdir.

(Latîfe): Hoca kilarda bir şey ararken rafdan soğan dolu kalbur başına düşdü. Beyni sarsılup gözü kararak heman bir tekme urayım derken kazara kenarına rast gelmekle kasnağı diz kapağını fenâ hâlde acıtdı. Heman hiddetle kaldırup yere çaldı. Kalbur sıçrayup alnını mecrûh[11] etmekle Hoca heman içeri koşup kocaman yatağan bıçağını getirerek "Şimdi ne kadar kalbur var ise çıksın karşıma!.." demişdir.

(Latîfe): Babası ne söylerse Hoca-çocukluğunda- aksini yapardı. Babası artık maksûdu ne ise onun aksini söylemekle yolunu bulmuşdu. Birgün degirmenden avdetlerinde bir çaydan geçecek oldılar. Köprü varsa da hayvan geçemez bir hâlde idi. Babası "Oğlum, mollâ! Ben köprüden dolaşacağım. Sen çayın geçit yerinden hayvanı geçirme" dedi. Mollâ Nasreddîn hayvanı gecit yerine sürmüşse de un çuvalı bir tarafa meyl etdigini

---

10   Mâlihulyâ: Karasevda, hulya, hayal.
11   Mecrûh: Yaralı.

《 لطيفه 》 خواجه آقشام اوزرنى خانه‌سينه عودت ايدركن محله‌سينك چوجوقلريندن برى گلوب «خواجه افندى! شو چوجوق بنم قولاغيمى ايصيردى» دييه شكايت ايله‌ديكى صيره‌ده او چوجوق ده «خير؛ بن ايصيرمه‌ديم، كندى ايصيردى!» دينجه خواجه «صوص! خاشارى. بو زواللى دوه‌مى كه كندى قولاغينى ايصيره‌بلسين» ديمشدر.

《 لطيفه 》 خواجه‌نك جانى چوربا ايسته‌دى. «شيمدى اوستى نانه‌لى تازلى بر چوربا اولسه‌ده ييسه‌م» دييه تخيل ايدوب طوروركن قاپو چالينه‌رق قومشو چوجوغى النده طاس ايله ايچرى كيروب «آنام خسته‌در، بر پارچه چوربا ويره‌جكسيكز» دينجه خواجه «بزم قوممشولرده ماليخوليادن قوقو آلييورلر» ديمشدر.

《 لطيفه 》 خواجه كيلارده بر شى آراركن رافدن صوغان طولو قالبور باشينه دوشدى. بينى صارصيلوب گوزى قاراره‌رق همان بر تكمه اوره‌يم ديرك قضارا كنارينه راست گلمكله قاصناغى ديز قاپاغينى فنا حالده آجيتدى. همان حدتله قالديروب يره چالدى. قالبور صيچرايوب آلتينى مجروح ايتمكله خواجه همان ايجرى قوشوب قوجه‌مان ياتاغان بيچاغينى گتيره‌رك «شيمدى نه قدر قالبور وار ايسه چيقسين قارشيمه!...» ديمشدر.

《 لطيفه 》 باباسى نه سويلرسه خواجه ـچوجوقلغنده‌ـ عكسينى ياپاردى. باباسى آرتيق مقصودى نه ايسه اونك عكسينى سويله‌مكله يولينى بولمشدى. بر گون دكيرمندن عودتلرنده بر چايدن گچجك اولديلر. كوپرو وارسه ده حيوان گچمز بر حالده ايدى. باباسى «اوغلم؛ ملا! بن كوپرودن طولاشه‌جغم. سن چايك گچيت يرندن حيوانى گچيرمه» ديدى. ملّا نصر الدين حيوانى گچيت يرينه سورمشسه ده اون چووالى بر طرفه ميل ايتديكنى

١١

babası görmekle haykırarak "Mollâ! Çuval bana doğru egrilmemiş. Çaya düşecek. Sakın doğrultma. Daha itdiri ver!" deyince Hoca "Vallahi baba, şu yaşa geldim ne dedinse aksini yapdım. Bu sefer de emrinizi aynen icrâ edecegim!" diye bağırması akabinde çuvala dokunur dokunmaz heman çaya yuvarlandı, gitdi.

(Latîfe): Akşehir'e mâhir bir hattât geldi. Hoca mühr kazdırmak istediyse de her harfini üç akçeye kazıdığından Hoca düşündü ismini, mahlasını hesâb eyledi, hayli çoğa kaçacak. Yalnız nâmını hak etdirmege karar verdi. Hem de ucuz kazdırmak içün şöyle bir tarîk düşündü. Hakkâka gidüp (Bana bir mühr kaz!) dedi. Hakkâk ismini suâl eylemekle Hoca "Has" dedi. Hakkâk "bu ne biçüm isim?" demekle Hoca "Nene lâzım. İşte öyle bir isim. Sen kaz!" diyerek bir de mazmûn sarf eyledi. Hakkâk "Has" harflerini yazup da tam noktayı koyacağı sırada Hoca "Ricâ ederim, noktayı başa koyma da sinin kâsesine koy!" demekle hakkâk Hoca'nın zerâfetini takdîr edüp mührü hediye olarak takdîm eylemişdir[12].

(Latîfe): Hoca bir arkadaşıyla göl kenarından giderken arkadaşı suyun üzerine sıçrayan balıkları görüp Hoca'ya "Bak şu balıklara!" demekle Hoca karşıki sokağa doğru bakdı. Arkadaşı "Ben sana balıkları gösteriyorum. Sen karaya bakıyorsun" demekle Hoca "Sen bana elinle gölü gösterdin mi ki böyle serzeniş ediyorsun. Benim kerâmetim mi var" demişdir.

(Latîfe): Yarım hâne hissesini satılığa çıkardı. Dellâl "Şimdi sırası degil. Neye böyle acele satmak istiyorsun?" dedikde Hoca "Müşterek malı ömrümde sevmem. On seneden beri

---

[12] Şayet "خس" şeklinde yazılırsa has: Çöp anlamına gelir, "حس" şeklinde yazılırsa "hiss" okunur ki, burada Hoca bir noktanın ne kadar büyük farklar meydana getirdiğini nükteli bir şekilde anlatmak istemiştir.

باباسی گورمكله هایقیره‌رق «ملا! چووال بكَا طوغروا اكریلمه‌مش. چایه دوشمه‌یه‌جك. صاقین طوغرولتمه. دها اینتیری ویر!» دیینجه خواجه «واللهی بابا. شو یاشه كلدیم. نه دیدكَسه عكسینی یاپدیم بو سفرده امریكَزی عیناً اجرا ایده‌جكم!» دییه باغیرمه‌سی عقبنده چوواله طوقونور، طوقونمز همان چایه یووارلاندی، گیتدی.

﴾ لطیفه ﴿ آقشهره ماهر بر خطاط گلدی. خواجه مهر قازدیرمق ایسته‌دیسه ده هر حرفینی اوچ آقچه‌یه قازدیغندن خواجه دوشوندی اسمنی، مخلصینی حساب ایله‌دی، خایلی چوغه قاچه‌جق. یالكَز نامنی حك ایتدیرمكه قرار ویردی. هم ده اوجوز قازدیرمق ایچون شویله بر طریق دوشوندی. حكاكه گیدوب «بكا بر مهر قاز!» دیدی. حكاك اسمنی سؤال ایله‌مكله خواجه «خس» دیدی. حكاك «بو نه‌بیچیم اسم؟» دیمكله خواجه «نه‌كَه لازم! ایشته اویله بر اسم! سن قاز!» دییه‌رك برده مضمون صرف ایله‌دی. حكاك «حس» حرفلرینی یازوب ده تام نقطه‌یی قویه‌جغی صیره‌ده خواجه «رجا ایدرم؛ نقطه‌یی باشه قویمه‌ده سینك كاسه‌سینه قوی!» دیمكله حكاك خواجه‌نك ظرافتینی تقدیر ایدوب مهری هدیه اوله‌رق تقدیم ایله‌مشدر.

﴾ لطیفه ﴿ خواجه بر آرقه‌داشیله گول گنارندن گیدركن آرقه‌داشی صویك اوزرینه صیچرایان بالیقلری گوروب خواجه‌یه «باق شو بالیقلره!» دیمكله خواجه قارشیكی سوقاغه طوغرو باقدی. آرقه‌داشی «بن سكَا بالیقلری گوستریيورم. سن قاره‌یه باقیيورسین!» دیمكله خواجه «سن بكَا الكَله گولی كوستردیكَمی كه بویله سرزنش ایدیيورسین! بنم كرامتّمی وار؟» دیمشدر.

﴾ لطیفه ﴿ یاریم خانه حصه‌سینی صاتیلغه چیقاردی. دلال «شیمدی صیره‌سی دكل. نه‌یه بویله عجله صاتمق ایسته‌یورسین» دیدیكده خواجه «مشترك مالی عمرمده سومم! اون سندن بری

۱۳

müşterekimin gönlini nasılsa şimdi edebildim. Hazır râzı olmuşken onun hissesini de satın alacağım. Aradan ağyârı kaldıracağım" demiş.

(Latîfe): Ahbâbı "Efendi! Sen ara sıra şi'ir de söylerdin. Şu günlerde yeni mahsûl yok mu?" dediklerinde şöyle cevâb verdi: "Gerçek, iyi ki sordınız. Size dumanı üstünde bir beyt okuyayım. Bu sabah anam yoğurt çalmak içün süt kaynatıyordu. Megerse bi't-tesâdüf dünkü gibi bu gün de süt kesilmiş. Bu sırada nişanlım geldi. Ateş üstündeki tencereye bakdı. "Bu süt kesikdir" dedi. O esnada derhâl hâtırıma şu beyt tulû' etdi. Amma yüzine karşı okumağa sıkıldım. Okusam da mezâyâsına varamayacak, yazık olacakdı. Hele siz dikkatli dinleyiniz:

Dilber bana cevr eyleme lâ-enne elem verir

Yoğurtsa hezâlzî lâ-yekûn dünden beri

(Latîfe): Esna-yı sohbetde velâyetden dem urmağa başladı. "Senin evliyâlığını neden bilelim" dediler. "Hangi taşı, hangi ağacı çağırsam gelir" dedi. "Öyle ise şu karşıki pelid ağacını çağır, bakalım" dediler. Hoca tavr-ı mahsûs ile üç kere "Gel, yâ mübârek" demişse de ağaç yaprağını bile kımıldanmayınca Hoca kös kös ağacın başına gitdi. "Hani ayağına getirecekdin" dediler. "Bizim tâ'ifemizde gönül kibr olmaz. Dağ yürümezse abdâl yürür!" dedi.

(Latîfe): Arkadaşlarıyla kurd avına gitmişdi. Gayet uzun tüylü kocaman bir kurd görüp-kürküne ta'man-koğaladılar. Bir ine sokuldu. Arkadaşının gözü kararup o da heman

مشتركمك كوگلينى ناصلسه شيمدى ايده بيلديم. حاضر راضى اولمشكن اونك حصهسينى ده صاتين آلهجغم. آرهدن اغيارى قالديرهجغم!» ديمش.

﴿ لطيفه ﴾ احبابى «افندى! سن آره صيره شعرده سويلرديك. شو گونلرده يكى محصول يوقمى؟» ديديكلرينده شويله جواب ويردى: گرچك؛ ايى كه صورديكز. سزه دومانى اوستنده بر بيت اوقويهيم. بو صباح آنام يوغورت چالمق ايچون سوت قايناتييوردى. مكرسه بالتصادف دونكى گيبى بو كون ده سوت كسيلمش. بو صيرهده نشانليم گلدى. آتش اوستندهكى تنجرهيه باقدى. «بو سوت كسيكدر!» ديدى. او اثناده درحال خاطريمه شو بيت طلوع ايتدى امّا يوزينه قارشى اوقومغه صيقيلديم. اوقوسهم ده مزاياسينه وارهمايهجق، يازيق اولهجقدى. هله سز دقتلى ديگلهييكز!:

دلبر بگا جور ايلهمه لانّه الم ويرير

يوغورتنا هذا الذي لا يكون دوندن برى.

﴿ لطيفه ﴾ اثناى صحبتده ولايتدن دم اورمغه باشلادى. «سنك اوليالغكى نهدن بيلهليم!» ديديلر. «هانگى طاشى، هانگى آغاجى چاغيرسهم گلير» ديدى. «اويله ايسه شو قارشيكى پليد آغاجينى چاغير؛ باقهلم!» ديديلر. خواجه طور مخصوص ايله اوچ كره «گل؛ يا مبارك!» ديمشسه ده آغاج ياپراغينى بيله قيميلداتمهينجه خواجه كوس كوس آغاجك يانينه گيتدى. «هانى آياغيگه گتيرهجكديك؟» ديديلر. «بزم طائفهمزده گوگول كبر اولمز. طاغ يورومزسه آبدال يورور!» ديدى.

﴿ لطيفه ﴾ آرقهداشيله قورد آوينه گيتمشدى. غايت اوزون تويلى قوجهمان بر قورد گوروب ـگوركينه طمعاً ـ قوغالاديلر. بر اينه صوقولدى. آرقهداشينك كوزى قاراروب اوده همان

١٥

sokuldu. Hoca bir sâ'at dışarıda kaldığı hâlde herîfin kımıldamadığını görünce çeküp çıkardı. Hâlbu ki bedeninde başını göremedi. Bir müddet tefekküre varup sonra koşarak şehre gitdi. Arkadaşının hânesine giderek haremine şu yolda suâlde bulundu: "Sizin ağa sabahleyin avdan çıkdığında bedeninde başı da berâber mi idi, degil miydi?".

(Latîfe): Bir kız, teehhülinin üçüncü ayında doğurdu. Kadınlar toplanup "Buna ne isim koyalım" diye müzâkere eyledikleri sırada Hoca Efendi'den sormağa karar verdiler. Netîce-i mürâca'atlarında Hoca "Sâ'î[13] koyınız" dedi. Kadınlar "Hiç de böyle isim işitmedik!" deyince Hoca "Dokuz aylık yolu üç ayda kat' edene (sâ'î)den başka ne isim verilir" demişdir.

(Latîfe): Üç arkadaş süt yiyorlardı. Hoca ile birisi süte ekmek doğramakla meşgul iken digeri-ihtârlarına rağmen-muttasıl bunların doğradığı ekmegi kaşık kaşık atışdırıyordu. Nihâyet Hoca kızup "Yâ Settâr" diye elindeki süte ekmek basdığı keçeyi herîfin beynine indirdigi gibi herîf derhâl mosmor olup oraya yıgılı verdi. Çokdan ziyâfetgâh-ı ebediye gitmişdi. Hoca herîfin böyle bir çehre-i abûs ile hâmûş olduğunu görünce kemâl-i ta'accüble "Ne doğrar, ne basar, ne elini çanakdan keser, bir kiçe urursan işte böyle küser" demişdir.

(Latîfe): Bir kadı ile tüccârdan bir kimse bir de Hoca yoldâş olmuşlar. Lakırdı olsun diye kadı Hoca'ya "Çok söyleyen çok yanılır derler. Hiç va'z esnasında yanıldığın vâki' midir" deyüp Hoca bedâheten "Evet bir kere (Kadıyyan fi'n-nâr) diyecek

---

[13] Sâ'î: Tatar, hızlı bir şekilde haber ulaştıran kişi.

صوقولدی. خواجه بر ساعت طیشاریده بکله‌دیکی حالده حریفك قیمیلدامه‌دیغینی گورونجه چكوب چیقاردی. حال بوکه بدننده باشینی گوره‌مه‌دی. بر مدت تفکره واروب صوگره قوشارق شهره گیتدی. آرقه‌داشینك خانه‌سینه گیدرك حرمینه شو یولده بر سؤالده بولوندی: «سزك اغا صباحلاﯖین اؤدن چیقدیغنده بدننده باشی ده برابرمی ایدی؛ دکیلمیدی؟»

﴿ لطیفه ﴾ بر قیز؛ تأهلینك اوچنجی آینده طوغوردی. قادینلر طوپلانوب «بوﯖا نه اسم قویالیم» دییه مذاکره ایله‌دیکلری صیراده خواجه افندیدن صورمغه قرار ویردیلر. نتیجهٔ مراجعتلرنده خواجه : «(ساعی) قویﯖز» دیدی. قادینلر «هیچ ده بویله اسم ایشیتمه‌دیك!» دیینجه خواجه «طوقوز آیلق یولی اوچ آیده قطع ایدنه (ساعی) دن باشقه نه اسم ویریلیر؟» دیمشدر.

﴿ لطیفه ﴾ اوچ آرقه‌داش سوت پییورلردی. خواجه ایله بریسی سوته اکمك طوغرامقله مشغول ایکن دیكری ــ اخطارلرینه رغماً ــ متصل بونلرﯓ طوغرادیغی اکمكی قاشیق قاشیق آتیشدیرییوردی. نهایت خواجه قیزوب «یا ستّار» دییه النده‌كی سوته اکمك باصدیغی کپچه‌یی حریفك بیننه ایندیردیكی گیبی حریف درحال موص مور اولوب اورایه ییغیلی ویردی. چوقدن ضیافتگاه ابدی یه گیتمشیدی. خواجه حریفك بویله بر چهرهٔ عبوس ایله خاموش اولدیغنی گورونجه کمال تعجبله «نه طوغرار؛ نه باصار، نه الیﯖی چاناقدن کسر؛ بر کپچه اورورسه‌ﯓ ایشته بویله کوسر» دیمشدر.

﴿ لطیفه ﴾ بر قاضی ایله تجاردن بر کیمسه برده خواجه یولداش اولمشلر. لاقیردی اولسون دییه قاضی خواجه‌یه «چوق سویله‌ﯖین چوق یاﯕیلیر ـ دیرلر هیچ وعظ اثناسنده یاﯕیلدیغك واقعمیدر؟» دییوب خواجه بداهةً «اوت! بر کرّه «قاضیان فی النار» دییه‌جك

۱۷

yirde ağzımdan "Kadı fi'n-nâr" çıkı verdi. Bir kere de daha ziyâde hatâ etdim. (İnne'l-füccâr lefî cehîm) diyecek iken "(İnne't-tüccâr) demişim" diyerek ikisini de hacel[14] eyledi. Kadı "Sana lakırdı yetişmez ki, istersen öyle kurnaz kesilirsin ki en yaman muzûrları habt[15] edersin. Dilersen yabanın öküzünden daha şaşkın görinürsin" deyince Hoca heman ikisinin arasına geçüp "Yok a cânım! Mübâlağa ediyorsun" eliyle kadıya işâret edüp "Ne o kadar muzûr" tâcire işâretle "Ne de bu kadar öküzüm". İkisinin arasında sayılırım" demişdir.

(Latîfe): Timur-leng, Akşehir'de iken bir dehrî[16] gelüp tercümân vâsıtasıyla "Birkaç suâlim var. Eğer hâzık ve mâhir âlimleriniz var ise imtihân olayım" dedi. Timur, eşrâf-ı beldeyi toplayup memleketinize ecnebî bir âlim geldi. Ulûm-ı tabi'iden ve fünûn-ı maddiyyeden imtihân olmak istiyor. Bunlar seyyah adamlardır. Eger karşısına fünûn-ı şettâtı ihâta eylemiş bir âlim çıkarmazsanız diyâr-ı Rum'da esnâf-ı ulûmun inkırâz ve indirâsa[17] uğramış olduğunu gezdiği yerlerde işâ'a eder. Bu da sizin beyne'd-düvel ve'l-milel[18] vak'[19] ve haysiyetinizin kesrine bâdî olur" demekle eşrâf bir odada istişâre edüp evvelâ memleketlerinde ulemânın gerçekden ma'dûmiyyetine[20] bir müddet telehhüf[21] etdikden sonra "Böylelikle olmaz. Bir çâre düşünelim de şu dâhiyeyi başımızdan savalım" deyüp birçok müzâkere ve Konya'dan, Kayseri'den ulemâ celbi husûsunu müşâvere eylediler. Nihâyet içlerinden biri "Hâricden ulemâ celbi uzun vakte muhtâc olmağla berâber, ecnebîden sarf-ı nazar, Emîr Timur'a karşı hakaretimizi müstelzem, ahâli-i belde yanında da küçük düşmekligimizi dâ'iyyedir[22]. "Deliden uslu haber" derler, hele bu bâbda bizim Hoca-i dânânın reyini alalım. Belki onun bir

---

[14] Hacel: Utanma.
[15] Habt: Bir bahisde rakibini susturma.
[16] Dehrî: Dünyanın sonsuzluğuna inanıp öteki dünyayı inkâr eden; ruhun da cesetle birlikte öldüğüne inanan.
[17] İndirâs: Adı sanı kalmama.
[18] Beyne'd-düvel ve'l-milel: Devletler ve milletler arasında.
[19] Vak': Ağırbaşlılık.
[20] Ma'dûmiyyet: Yokluk.
[21] Telehhüf: Üzülme.
[22] Dâ'iyye: karSebep.

يرده آغزمدن «قاضی في النار» چیقی ویردی. بر كرّه ده دها زیاده خطا ایتدیم. «ان الفجار لفی جحیم...» دییهجك ایكن «ان التجار...» دیمشم» دییهرك ایكیسنی ده خجل ایلهدی. قاضی «سگا لاقیردی یتشمز كه، ایسترسهاك اویله قورناز كسیلرسین كه الگ یامان مزوّرلری حبط ایدرسین. دیلرسهاگ یابانك اوكوزندن دها شاشقین گورونورسین!» دیینجه خواجه همان ایكیسنك آراسینه كچوب «یوق آجانم! مبالغه ایدییورسین» الیله قاضی یه اشارت ایدوب «نه او قدر مزور» تاجره اشارتله «نهده بو قَدَر اوكوزم. ایكیسینك آراسینده صاییلیرم» دیمشدر.

﴾ لطیفه ﴿ تیمورلنك آقشهرده ایكن بر دهری گلوب ترجمان واسطهسیله «بر قاچ سؤالم وار. اكر حاذق وماهر عالملریكز وار ایسه امتحان اولهلیم!» دیدی. تیمور اشراف بلدهیی طوپلایوب «مملكتیكزه اجنبی بر عالم كلدی. علوم طبیعیهدن وفنون مادّیّهدن امتحان اولمق ایستهیور. بونلر سیّاح آدملردر. اكر قارشیسینه فنون شتّایی احاطه ایلهمش بر عالم چیقارمزسهگز دیار رومده اصناف علومك انقراض واندراسه اوغرامش اولدیغینی گزدیكی یرلرده اشاعه ایدر. بوده سزك بین الدول والملل وقع وحیثیتكزك كسرینه بادی اولور» دیمكله اشراف بر اوطهده استشاره ایدوب اوّلا مملكتلرنده علمانك گرچكدن معدومیتینه بر مدّت تلهف ایتدیكدن صوگره «بویلهلكله اولمز. بر چاره دوشونهلیم ده شو داهیهیی باشیمزدن صاوهلیم!» دییوب بر چوق مذاكره وقونیهدن، قیصریدن علما چلبی خصوصینی مشاوره ایلهدیلر. نهایت ایچلریندن بری «خارجدن علما چلبی اوزون وقته محتاج اولمقله برابر ـ اجنبیده صرف نظر ـ امیر تیموره قارشی حقارتیمزی مستلزم، اهالئ بلده یانینده ده كوچوك دوشمكلكمیزی داعیدر. «دلیدن اوصلو خبر» دیرلر. هله بو بابده بزم خواجهٔ دانانك رأیینی آلهلم. بلكه اونك بر

١٩

tedbîr-i garîbiyle dil bilmez ecnebîyi atlatırız" demekle pek musîb[23]
bulup Hoca'yı celb ederek meseleyi anlatdılar. Hoca "Siz onu
bana bırakınız! Eger muvâfık bir cevâbla iskât[24] edebilirsem ne
a'lâ! Eger muvaffak olamazsam (O dîvâne-meşreb bir adamdır.
Kendi kendine dâhil-i meclis oldu. O sayılmaz) dersiniz. Başka
okumuş bir adamı karşısına çıkarırsınız! Eger muvaffak olur-
sam hepinizden ayrı ayrı câizemi isterim. Emîrin ihsânı câbâ!"
demekle. "Aman Hoca! Sen bizim yüzimizi ecnebîye karşı ağart
da her ne dilersen Allah kerîmı!" dediler. Nihâyet bir yemv-i
mahsûsda şehrin meydanlığında çadırlar kurulup Emîr Timur
ve etbâ'ı zerr ü zîvere müstağrak ve âlât-ı harb ve esbâb-ı ceng
ile heybet-endâz ve dehşet-sâz oldu. Ba'dehu acîbü'l-eşkel olan
dehrî dahi gelüp kurb-ı sultânîde bir mevki'e kuruldu, oturdu.
Meclis tekarrüb eyledikden sonra herkes Hoca'nın vürûdına
intizâr eylediler. En-nihâye Hoca da başına kocaman bir sarık,
sırtına geniş kollu bir biniş giyüp arkasına şâkirdi Hammâd ile
diger bir iki talebe daha takup meclise dâhil oldu. Pâdişâhın
cihet-i yümnâsında[25] bir mevki' ihrâz eyledi. Şerbetler içilüp
istirâhat hâsıl oldıkdan sonra dehrî ortaya gelüp kemâl-i i'tinâ
ile bir dâire çizdi. Cevâbını taleb eylemek üzere Hoca'nın yüzine
bakdı. Heman Hoca kalkup asâsı ile dâirenin tam ortasından bir
çizgi çeküp ikiye taksîm eyledikden sonra dehrînin yüzine bakdı.
Ba'dehu mukabilinden bir çizgi daha çeküp dörde taksîm etdi. Ve
eliyle işâret ederek üç bölügini kendine doğru çeker gibi yapup
bir bölügini dehrîye doğru elinin arkasıyla itdirir gibi yapdı. Ve
tekrâr dehrînin yüzine bakdı. Dehrî eliyle işâret edüp tahsîn ve
âferîn eyledi, keenne bildigini söyledi. Ba'dehu dehrî açılmış lale

---

[23] Musîb: İsabetli.
[24] İskât: Susuturma.
[25] Cihet-i yümnâ: Sağ taraf.

تدبیر غریبیله دیل بیلمز اجنبی یی آتلاتیریز» دیمکله بك مصیب
بولوب خواجه یی جلب ایدرك مسئله یی آكلاتدیلر. خواجه «سز
اونی بكا بیراقیكز! اگر موافق بر جوابله اسكات ایده بیلیرسه م نه
اعلا! اگر موافق اوله مزسه (او دیوانه مشرب بر آدمدر. كندی كندینه
داخل مجلس اولدی. او صایلملز!) دیرسیكز. باشقه اوقومش بر
آدمی قارشیسینه چیقاریرسیكز! اگر موافق اولورسه م هپكزدن آیری
آیری جائزه می ایسترم. امیرك احسانی جابا!» دیمكله «آمان خواجه!
سن بزم یوزیمزی اجنبی یه قارشی آغارت ده هر نه دیلرسه ك الله
كریم!» دیدیلر. نهایت بر یوم مخصوصده شهرك میدانلغنده چادرلر
قورولوب امیر تیمور واتباعی زر و زیوره مستغرق وآلات حرب
واسباب جنك ایله هیبت انداز ودهشت ساز اولدی. بعده ژولیده
مو، عجیب الشكل اولان دهری دخی كلوب قرب سلطانیه بر
موقعه قورولدی، اوتوردی. مجلس تقرر ایله دكدن صوكره هر كس
خواجه نك ورودینه انتظار ایله دیلر. النهایه خواجه ده باشینه قوجه مان
بر صاریق، صیرتینه گنش قوللی بر بینش كیپوب آرقه سنه شاكردی
حماد ایله دیكر بر ایكی طلبه دها طاقوب مجلسه داخل اولدی.
پادشاهك جهت یمناسنده بر موقع احراز ایله دی. شربتلر ایچیلوب
استراحت حاصل اولدیقدن صوكره دهری اورته یه گلوب كمال اعتنا
ایله بر دائره چیزدی. جوابنی طلب ایله مك اوزره خواجه نك یوزینه
باقدی. همان خواجه قالقوب عصاسی ایله دائره نك تام اورته سندن
بر چیزگی چكوب ایكی یه تقسیم ایله دیكدن صوكره دهرك یوزینه
باقدی. بعده مقابلندن بر چیزگی دخی چكوب دوره ده تقسیم ایتدی.
والیله اشارت ایدرك اوچ بولوكینی كندینه طوغرو چكر گیبی یاپوب
بر بولوكینی دهری یه طوغرو الینك آرقه سیله ایتیریر گیبی یاپدی.
وتكرار دهرینك یوزینه باقدی. دهری الیله اشارت ایدوب تحسین
وآفرین أیله دی، كأنه بیلدیكینی سویله دی. بعده دهری آچیلمش لاله

۲۱

gibi elinin üstini yere doğru, parmaklarını açık ve toplu olarak havaya doğru bir vaziyetde tutup birkaç kere yukarıya doğru salladı. Hoca da onun aksi olarak elinin üstü havada parmakları aşağıda olmak üzere bir işâret yapdı. Dehrî bunu kabul etdi. Ba'dehu dehrî kendisini eliyle gösterüp ve parmaklarıyla yerde hayvan yürümesini taklîd edüp sonra karnını işâret edüp bir şey çıkar gibi işâret yapdı. Hoca da cebinden çıkardığı yumurtayı gösterdikden sonra iki kollarını sallayarak uçar gibi yapdı. Dehrî bunu da tahsîn eyledi. Kalkdı, kemâl-i ta'zîm ile Hoca'nın karşısında serfürû edüp ellerini öpdü. Ve böyle bir nârde-i rûzgâra mâlik olduklarından dolayı pâdişâhı ve eşrâf –ı beldeyi tebrîk eyledi. Huzzâr-ı meclis pek ziyâde mahzûz olup memleketin yüzini ağartdığı içün Hoca'yı ayrı ayrı tebrîk eylediler. Ve herkes ihtiyâten hâzırladığı hedâyâyı, nükudu Hoca'nın başına nisâr[26] eylediler. Kimisi de va'd eyledi. Kezâlik emîr Timur dahi hedâyâ-ı girân-bahâ ile Hoca'yı servete müstağrak eyledi. Herkes dağıldıkdan sonra pâdişâh ve mukarrebleri ve ba'zı â'yân-ı belde dehrîyi bir tarafa çeküp tercümân vâsıtasıyla "Biz sizin işâretleşmenizden bir şey anlayamadık. Siz ne dediniz, Hoca ne yolda cevâb verdi ki tab'ınız muvâfık bulup teslîm eylediniz" dediklerinde dehrî şu yolda bast-ı merâm eyledi: "Hilkat-ı âlem hakkında hukemâ-yı Yunaniyye ile ulemâ-yı benî-İsrâil muhtelifdir. Bu bâbda ulemâ-yı İslâmın reyi bence ma'lûm olmadığından bunu ögrenmekligi pek isterdim. Binâenaleyh arzın kürevîti ve müdevviriyeti işâret etdim. Efendi hazretleri bunu teslîm etdikden başka çekdigi hutût ile evvelâ hat-ı istivâtı fasl edüp nısf-ı küre-i şimâli ve nısf-ı küre-i cenûbiyi tefrîk eyledi.

---

[26] Nisâr: Saçma, serpme.

گیبی الینك اوستینی یره طوغرو، پارماقلرینی آچیق وطوپلی اولەرق هوایه طوغرو بر وضعیتده طوتوب بر قاچ كره یوقاری یه طوغرو صاللادی. خواجه ده اونك عكسی اولەرق الینك اوستی هواده پارماقلری اشاغیده اولمق اوزره بر اشارت یاپدی. دهری بونی قبول ایتدی. بعده دهری كندیسنی الیله گوستروب وپارماقلریله یرده حیوان یورومەسینی تقلید ایدوب صوڭره قارننی اشارت ایدوب بر شی چیقار گیبی اشارت یاپدی. خواجه ده جبیندن چیقاردیغی یومورطەیی كوستردیكدن صوڭره ایكی قوللرینی صاللایەرق اوچار گیبی یاپدی. دهری بونی ده تحسین ایلەدی. قالقدی، كمال تعظیم ایله خواجەنك قارشیسنده سرفرو ایدوب اللرینی اوپدی. وبویله بر نادرهٔ روزگاره مالك اولدیقلریندن طولایی پادشاهی واشراف بلدەیی تبریك ایلەدی. حضّار مجلس پك زیاده محظوظ اولوب مملكتك یوزینی آغارتدیغی ایچون خواجەیی آیری آیری تبریك ایلەدیلر. وهر كس احتیاطاً حاضرلادیغی هدایایی، نقودی خواجەنك باشینه نثار ایلەدیلر. كیمیسی ده وعد ایلەدی. كذلك امیر تیمور دخی هدایای گرانبها ایله خواجەیی ثروته مستغرق ایلدی. هر كس طاغیلدیقدن صوڭره پادشاه ومقربلری وبعض اعیان بلده دهری یی بر طرفه چكوب ترجمان واسطەسیله «بز سزڭ اشارتلشمەكزدن بر شی آكلایەمادیق. سز نه دیدیڭز، خواجه نه یولده جواب ویردی كه طبعڭزه موافق بولوب تسلیم ایلەدیڭز!» دیدكلرینده دهری شو یولده بسط مرام ایلەدی: خلقت عالم حقنده حكمای یونانیه ایله علمای بنی اسرائیل مختلفدر. بو بابده علمای اسلامیەنك رأیی بنجه معلوم اولمەدیغندن بونی اوكرنمكلكی پك ایستردیم. بناءً علیه ارضك كرویتی ومدوریتی اشارت ایتدیم. افندی حضرتلری بونی تسلیم ایتدیكدن باشقه چكدیكی خطوط ایله اولا خط استوایی فصل ایدوب نصف كرهٔ شمالی ونصف كرهٔ جنوبی یی تفریق ایلەدی.

٢٣

Ba'dehu mukabilinden bir hat daha çekerek üçüncü kendine ve birini bana doğru işâret eylemekle dünyânın üçü deniz, biri kara olduğunu ve ekalîm-i seb'a-i dünyâyı beyân buyurdu. Sonra envâ'-i mevâlîdi ve esrâr-ı halkını tahkik eylemek üzere parmaklarımı havaya doğru sallayarak yerden nebâtât, eşcâr, menâbi', ma'den husûlini söyledim. Buna mukabil Hoca Efendi Hazrctleri ellerini yukarıdan aşağıya doğru sallayarak bunların husûlünü gökden yağmurun nüzûlü, envâr-ı şemsin nüfûzu ve sâir âsâr-ı ulviye-i semâviyenin tesîrâtı yerdeki mevâlîdi ve müvelledâtı perverde eyledigini hukemânın en son tahkikına mutâbık sûretde îzâh eyledi. Ba'dehu kendimi gösterüp ve elimle rûy-ı zemînde tevekkün eden mahlûkatın yekdigerinden teczî eylemekle tekessür eyledigini işâret etdim. Hâlbu ki cümle-i zevi'l-ervâhdan büyük bir kısmı mübhem bırakmışım. Cebinden yumurta çıkarup göstererek ve eliyle uçar gibi işâret ederek esnâf-ı tuyûru îzâh eyledi. Bu sûretde hilkat-i âlem ve tekessür-i esnâf-ı ümem hakkında mücemmel ve ihâtalı bir cevâb verdi. Bundan anladım ki âliminiz hakikaten ulûm-ı semâviye ve arzıyyeyi-ta'bîr-i digerle bilcümle ulûm-ı mahsûsa ve makbûleyi-zâtında cem' ve ihâta eylemiş bir dâhi-i zü-fünûndur. Binâenaleyh: Hâssaten hemşîreleri, âmmeten vatandaşları böyle bir âlim-i hikmet-nihâd ile ne kadar iftihâr etseler hesâbsızdır. Dehrîyi izzet ve ikrâm ile teşyî' etdikden sonra Hoca'nn başına toplanup bir kere de onsan meseleyi iztîzâh eylediler. Hoca da şöyle cevâb verdi: "A cânım, bu adam hapazan, aç gözlü bir hastadır. Bana "Âlimdir" diye söylediniz. Beyhûde telâşa düşürdiniz. Vaktâ ki geldim, gördiginiz vechle eliyle bir dâire çizdi. "Ah bir tepesi buruk olsa" dedi. Evvelâ ikiye böldüm. Kardaş payı yapdım, bakdım ki aldırdığı yok. Dörde böldüm.

بعده مقابلندن بر خط دها چكهرك اوچینی كندینه وبرینی بكا طوغرو اشارت ایلهمكله دنیانك اوچی دكیز، بری قاره اولدیغینی واقالیم سبعهٔ دنیایی بیان بویوردی. صوگره انواع موالیدی واسرار خلقتی تحقیق ایلهمك اوزره پارماقریمی هوایه طوغرو صاللایهرك یردن نباتات، اشجار، منابع، معادن حصولینی سویلهدیم. بوگا مقابل خواجه افندی حضرتلری اللرینی یوقاریدن آشاغی یه طوغرو صاللایهرك بونلرك حصولی گوكدن یاغمورك نزولی، انوار شمسك نفوذی وسائل اثار علویهٔ سماویهنك تأثیراتی یردهكی موالیدی ومولداتی پروورده ایلهدیكینی حكمانك اك صوك تحقیقینه مطابق صورتده ایضاح ایلدی. بعده كندیمی كوستروب والمله روی زمینده تكون ایدن مخلوقاتك یكدیكرندن تجزی ایلهمكله تكثر ایلهدیكنی اشارت ایتدم. حال بوكه جملهٔ ذوی الأرواحدن بویوك بر قسمی مبهم بیراقمشم. جبیندن یومورطه چیقاروب گوسترهرك والیله اوچار كیبی اشارت ایدرك اصناف طیوری ایضاح ایلهدی. بو صورتده خلقت عالم وتكثر اصناف حقنده امم مجمل واحاطهلی بر جواب ویردی. بوندن آكلادیم كه عالِمكز حقیقةً علوم سماویه وارضیّهیی ــ تعبیر دیكرله بالجمله علوم محسوسه ومعقولهیی ــ ذاتنده جمع واحاطه ایلهمش بر دهائ ذو فنوندر. بناءً علیه: خاصةً همشهریلری، عامةً وطنداشلری بویله بر عالم حكمت نهاد ایله نهقدر افتخار ایتسهلر حسباندر. دهری یی عزّت واكرام ایله تشییع ایتدیكدن صوگره خواجهنك باشینه طوپلانوب بر كره ده اوندن مسئلهیی استیضاح ایلهدیلر. خواجه شویله جواب ویردی: آ جانم؛ بو آدم هاپازان، آچ گوزلی، اوغرامش بر خستهدر. بگا «عالمدر» دییه سویلهدیكز. بیهوده تلاشه دوشوردیكز. وقتا كه گلدیم، گوردیگكز وجهله الیله بر دائره چیزدی. «آه بر تپسی بورك اولسه!..» دیدی. اوّلا ایكی یه بولدیم. قارداش پایی یاپدیم. باقدیم كه آلدیردیغی یوق. دورده

Üçünü kendime aldım. Birini ona verdim, zavâllı râzı oldu. Başını salladı. Keenne "Bana o kadarı kâfidir" dedi. Megerse saha matlûbu varmış. Sonra işâretle "Bir tencere pilav kaynatılsa da kurtarılsa yesek" dedi. Ben de işâretle üstine tuz, büber de ekilmek, fıstık, üzüm de konmak lâzımdır" dedim. O mesele de hal oldu. Sonra eliyle kendisini ve karnını işâret edüp ve eliyle yürümek işâretini yapup uzak yoldan geldigini, nice zamândır mükemmel ta'âm etmege hasret olduğunu söyledi. Ben de işâretle bildirdim ki: Ben senden daha açım. Karnımın boşluğundan o kadar hafifim ki kuş gibi uçacak bir hâldeyim. Sabahleyin kalkdım, kadın katık olmak üzere topu bir yumurta verdi. Siz haber gönderdiniz, onu da yimege vaktim olmadı. İhtiyâten cebime koydım, geldim. Mesele bundan ibâretdir".

Dimekle huzzâr "Ben sordum sen ne fehm etdin acîb efsânedir" mantûkunca bu tefâvüd-i hissiyâtla[27] berâber bu suâl ve cevâbın her iki tarafı da hoşnûd eylemesine hayrân olmuşlardır.

(Latîfe): Bir yıl Kürd aşiretine Ramazân imâmlığına gitmişdi. Bi't-tabi' öne geçüp namâz kıldırmakda ise de Kürd beginin oğulları bir gün gelüp "Hoca! Vâkı'â ağzının orucıyla gönlünü kırmak istemeyiz ammâ sen de pek aşırdın, taşırdın. Bir degil, beş degil. Her vakt sellemü's-selâm namâzda begbabamızın önine geçiyorsun. Bizi saymıyorsun diyelim. Fakat beg bugün "Haydi!" dedigi gibi emrine hâzır, pür-silâh beş bin atlıya hükm ediyor. Böyle bir kahramanın paldır küldür önine geçilir mi? Sen onun öyle seslenmedigine bakma! Aks zamânda gazab ederse seni elinden

---

[27] Tefâvüd-i hissiyât: Ortak duygu.

بولديم. اوچينی كنديمه آلديم. برينی اوگا ويرديم، زواللی راضی اولدی. باشينی صاللادی. كأنّه «بگا او قَدری ده كافيدر» ديدی. مكرّسه دها مطلوبی وارمش. صوگره اشارتله «بر تنجره پيلاو قايناتيلسه ده قورتاريلسه يسهك» ديدی. بن ده اشارتله اوستينه طوز، بوبرده اكيلمك، فيصتيق، اوزوم ده قونمق لازمدر» ديدم. او مسئله‌ده حل اولدی. صوگره الیه كنديسينی وقارنينی اشارت ايدوب واليله يورومك اشارتينی ياپوب اوزاق يولدن كلديكينی، نيجه زماندن مكمل طعام ايتمكه حسرت اولديغينی سويله‌دی. بن ده اشارتله بيلديرديم كه: بن سندن دها آچم. قارنيمك بوشلغندن او قدر حفيفم كه قوش گيبی اوچاجق بر حالده‌یم. صباحلين قالقديم. قادين قاتيق اولمق اوزره طوپی بر يومورطه ويردی. سز خبر كوندردیكز اونی ده ييمكه وقتم اولمه‌دی. احتياطا جيبمه قويديم، گلديم. مسئله بوندن عبارتدر.

ديمكله حضّار «بن صورديم سن نه فهم ايتديك عجيب افسانه‌در!» منطوقنجه بو تفاوت حسّياتيله برابر بو سؤال وجوابك هر ايكی طرفی ده خوشنود ايله‌مه‌سينه حيران اولمشلردر.

﴿ لطيفه ﴾ بر ييل كورد عشيرتنه رمضان اماملغينه گيتمشدی. بالطبع اوگه گچوب نماز قيلديرمقده ايسه ده كورد بكينك اوغوللری بر گون گلوب «خواجه! واقعا آغزينك اوروجيله گوگلگی قيرمق ايسته‌مه‌يز امّا سن ده پك آشيرديك، طاشيرديك، بر دكيل، بش دكيل. هر وقت سلّمه السلام نمازده بك بابامزك اوگينه گچيورسين! بزی صايمه‌يورسين دييه‌ليم» ديديكی گيبی امرينه حاضر، بر سلاح بش بيك آتلی يه حكم ايدييور. بويله بر قهرمانك پالدير كولدور اوگينه گچيلرمی؟ سن اونك اويله سسلنمه‌ديكينه باقمه! عكس زمانده غضب ايدرسه سنی اليندن

kimse kurtaramaz" diye mükemmel paylarlar. Hoca her ne kadar namâzın iktizâsı olduğunu anlatmak istese de mürekkeb yalamamış yâdigârlar gitdikce şiddeti artırdıklarından Hoca "Hele îcâbına bakarız" diye başından gücle savup meseleyi bege anlatmağa, bu sûretle begzâdelerin ta'arruzundan kurtulmağa karar verir. Akşam iftâr edilüp keyifler çatıldıkdan sonra Hoca zemin, zamân hazırlayarak "Efendim! Genç begzâdeler, mahzâ sizin şânınızı gözetmek kasdıyla, ayıblanmaz, îcâb-ı şer'îyi daha bilmediklerinden" diye söze başlarken begin kaşları çatılup "Nedir Hoca! Şu cemâ'at meselesi mi?" deyüp zavâllı Hoca sözi açdığından bin kat peşîmân olarak, üzilüp büzülerek "Evet efendim! Hâşâ maksadım şikâyet degil. Sohbete vesîle..." demekle beg "Hoca! Onlar halt etmişler amma-senden cânım hoşlandığı için söyliyorum- sen de pek ileri gidiyorsun" deyince-olanca kuvvet-i kalbiyle bege güvenen bî-çâre Hoca bu tarzda mu'âmeleye ma'rûz olmağla-her hâlde Ramâzan'ı bitirüp avâidi[28] alarak gitmek için giyinmege karar verdiginden şu yolda cevâb verdi: "Efendim haklısınız! Ancak her şeyin önine degil, sonına bakılır. En sonunda yüzümü sana doğru çevirmiyor mıyım? O vakt benim önümde ve karşımda siz bulunmuyor musunuz? En arkada tek ben kalmayor mıyım?" deyince Kürd begi bir hâyli düşündü. Fakat kaşları da açıldı. Güler yüzle Hoca'ya dedi ki: "A Hocam! Göriyorsun ki biz memleketlerden uzakda yaşar adamlarız. Böyle ince ilm meselerine nasıl aklımız erer".

(Latîfe): Birçok bıldırcın avlayup temizlemiş, kızartmış, tencerenin ağzını kapamış, ahbâblarına bir ziyâfet çekmek, avcılığına mu'tarız[29] olanları bir tatlı delîl ile ıskât etmek üzere onları

---

[28] Avâ'id: Gelirler.
[29] Mu'tarız: Karşı gelen, itiraz eden.

28

كيمسه قورتاره‌مز» دييه مكمل پايالرلر. خواجه هر نه‌قدر نمازك
اقتضاسی اولديغينی آكلاتمق ايسته‌ديسه ده مركّب يالامامش يادگارلر
گيتديكجه شدّتی آرتيرديقريندن خواجه «هله ايجابنه باقارز!»
دييه باشندن گوجله صاووب مسئله‌يی بكه آكلاتمغه، بو صورتله
بكزاده‌لرك تعرضندن قورتولمغه قرار ويرير. آقشام افطار ايديلوب
كفلر چاتيلديقدن صوكره خواجه زمين، زمان حاضرالايه‌رق «افنديم!
گنج بك زاده‌لر، محضا سزك شانكزی گوزتمك قصديله، عيبلانمز،
ايجاب شرعی يی دها بيلمه‌ديكلريندن...» دييه سوزه باشلاركن
بكك قاشلری چاتلوب «نه‌در؛ خواجه! شو جماعت مسئله‌سيمی؟»
دييوب زواللی خواجه سوزی آچديغينه بيك قات پشميان اوله‌رق،
ازيلوب بوزولوه‌رك «اوت افنديم! حاشا مقصدم شكايت دكل. صحبته
وسيله...» ديمكله بك «خواجه! اونلر خلط ايتمشلر امّا ــسندن جانم
خوشلانديغی ايچون سويله‌يورم ـ سن ده پك ايلری گيده‌يورسين!»
دييجه ـ اولانجه قوّت قلبيله بكه گووه‌نك بيچاره خواجه بو طرزده
معامله‌يه معروض اولمغله ـ هر حالده رمضانی بيتيروب عوائدی
آله‌رق كيتمك ايچون گچينمكه قرار ويرديكندن شو يولده جواب
ويردی «افنديم! حقليسكز! آنجاق هر شيئك اوكينه دكيل، صوكينه
باقيلير. اك صوكنده يوزيمی سكا طوغرو چه‌ويرمه‌يورمی يم؟ او وقت
بنم اوكمده وقارشيمده سز بولونمايورميسكز؟ اك آرقه‌ده تك بن
قالمايورمی يم» دييجه كورد بكی بر خايلی دوشوندی. فقط قاشلر
ده آچيلدی. گولر يوزله خواجه‌يه ديدی كه: آ خواجه‌م! گوره‌يورسك
كه بز مملكتلردن اوزاقده ياشار آدملرز. بويله اينجه علم مسئله‌لرينه
ناصل عقلمز ايرر.

《 **لطيفه** 》 بر چوق پيلديرجين آولايوب تميزله‌مش، قيزارتمش،
تنجره‌نك آغزينی قاپامش، احبابلرينه بر ضيافت چكمك، آوجيلغينه
معترض اولانلری بر طاتلی دليل ايله اسكات ايتمك اوزره اونلری

da'vete gitmişdi. Bir digeri gelüp kızarmış bıldırcınları alarak yerine cânlı bıldırcın koymuş, gitmiş. Hâzır olup tencere ortaya gelüp Hoca kemâl-i fahr ile kapağı açdığı gibi bıldırcınlar çırpınarak uçdılar, gitdiler. Hoca kemâl-i hayretle baka kalup neden sonra ağzından şu sözler döküldü: "Yâ Rabbi! Tutalım ki bıldırcınların yeniden hayatlarını i'âde eyledin. O sevimli hayvanları şâd-mân etdin! Ya benim yağım, tuzum, büberim, ocağım, paralarım, bunca emeklerim ne olacak? Bunları nereden arayacağız?"

(Latîfe): Sabahleyin üç okka et alup bırakdı, tekrâr işine gitdi. Kadın dostlarını toplayup etle mükemmel ziyâfet çekdi. Hoca akşam gelince önine sade suya bulgur pilavını sürdü. Hoca "Etden bir yemek yapmağa vaktin olmasa bile şu pilava birkaç yağlı parçasını atup da biraz lezzetlendirmesini düşünmedin mi" dedikde kadın "Bir parça mâni'm oldu. Ben onunla meşgul iken senin pek sevdigin tekir kedi kâmilen yemiş. Geldim, bakdım, yalanıyordu" demekle Hoca heman koşup kantarı getirdi. Mangalın altından kediyi çıkarup tartdı. Tamam üç okka geldi. Karısına dedi ki: "Be îmânı yok! Eger bu tartdığım et ise kedi nereye gitdi? Eger kedi ise hani et?"

(Latîfe): Hem ezân okur, hem de alabildigine koşardı. Sebebini sordıklarında "Bakalım sesim nerelere kadar işidilebiliyor? Anlamak istiyorum" dedi.

(Latîfe): Hoca'yı aldatarak bir çirkin kadın almışlardı. Sabahleyin Hoca giyinüp sokağa fırlayacağı esnada o nâzenîn

دعوته گیتمشدی. بر دیكری كلوب قیزارمش پیلدیرجینلری آلهرق
یرینه جانلی پیلدیرجین قویمش؛ گیتمش. احبابلری حاضر اولوب
تنجره اورتهیه گلوب خواجه كمال فخر ایله قاپاغی آچدیغی گیبی
پیلدیرجینلر چیرپینهرق اوچدیلر، گیتدیلر. خواجه كمال حیرتله باقه
قالوب نهدن صوكره آغزیندن شو سوزلر دوكولدی:

یاربی! طوتهلم كه بیلدیرجینلرك یكّیدن حیاتلرینی اعاده ایلهدیك.
او سویملی مخلوقلری شادمان ایتدیك! یا بنم یاغم، طوزم، بوبررم،
اوتم، اوجاغم، پارهلرم، بونجه امكلریم نه اولهجق؟ بونلری نرهدن
آرایهجغز؟

《 لطیفه 》 صباحلاین اوچ اوقّه ات آلوب بیراقدی، تكرار ایشینه
گیتدی. قادین دوستلرینی طوپلایوب اتله مكمل ضیافت چكدی.
خواجه آقشام گلینجه اوگّینه ساده صویه بولغور پیلاوینی سوردی.
خواجه «اتدن بر یمك یاپمغه وقتك اولماسه بیله شو پیلاوه بر قاچ
یاغلی پارچهسینی آتوب ده براز لذّتلندیرمهسینی دوشونهمهدیگّمی؟»
دیدكده قادین «بر پارچه مانعم اولدی. بن اونگّله مشغول ایكن سنك
پك سودیكك تكیر كدی كاملاً ییمش. گلدیم، باقدیم، یالانییوردی!»
دیمكله خواجه همان قوشوب قانطاری گتیردی. مانغالك آلتیندن
كدی یی چیقاروب طارتدی. تام اوچ اوقّه گلدی. قاریسنه دیدی كه:
به ایمانی یوق! اكر بو طارتدیغم ات ایسه كدی نرهیه گیتدی؟ اكر
كدی ایسه هانی ات؟

《 لطیفه 》 هم اذان اوقور، هم آلهبیلدیكنه قوشاردی. سببنی
صورردیقلرینده «باقهلیم سسم نرهلره قدر ایشیدیله بیلییور؟! آگّلامق
ایستهیورم» دیدی.

《 لطیفه 》 خواجهیی آلداتهرق بر چیركین قادین آلمشلردی.
صباحلاین خواجه گینوب سوقاغه فیرلایهجغی اثناده او نازنین

kırıtarak "Efendi akrabanızın erkeklerinden hangilerine görünüp hangilerine görünmeyecegim!.." deyince Hoca "Bana görünme de hangisine istersen görün!" demişdir.

(Latîfe): "Haşîş[30] sekr[31] verir" diye işidüp merâk ederek attardan bir mikdâr aldı. İsti'mâl edüp akabinde hamama girmişdi. Yıkanırken aklına geldi. Kendi kendine "Adam sen de! Ne sekr verdigi var. Ne de akla dokundığı var. Laf! Onu bahâne ederek masharalık ediyorlar. Yâhûd attar beni aldatdı. Gideyim attardan tahkik edeyim" diyerek çırılçıplak sokağa uğradı. Rast gelenler "Hoca! Nedir bu hâl" dedikce bir tafsîl anlatırdı. İşidenler gülmekden katılırlardı.

(Latîfe): Hoca dağda odun keserken olduğu yere doğru kocaman bir ayı geldigini görünce havfından hemen büyük bir ağaca çıkmış. Meger o ağaç ahlat imiş. Ayı da gelmiş, altına yatmış. Hoca beklemiş, beklemiş hayvan gitmemiş. Akşam olmuş. O gece mehtaba müsâdif olmağla ayının her vaz'ını ağaçdan seyr edermiş. Nihâyet ayı ağaca çıkarak armud yemege başlamış. Olmuş armud aramak içün hayvan tepeye doğru çıkdıkca Hoca da yukarıya çıkarmış. Nihâyet en tepeye çıkmış. Ayı da altındaki dala çıkmış. Hoca'nın büsbütün aklı başından gitmiş. Ölüm fecî'asını düşünerek hazân yaprağı gibi titremiş. Ayı kendi işiyle meşğul olarak armudu kaparır, mehtaba doğru tutar, olmuş ise yermiş. Yine bir def'asında üstünde medhoş bir hâlde dalmış olan Hoca'nın tâ ağzı hizasına kadar kaldırınca Hoca kendisine armud ikrâm ediyor zan ederek cân havliyle "Ben yemem..."

---

[30] Haşîş: Kenevir yaprağı.
[31] Sekr: Şarhoşluk.

قیریته‌رق «افندی اقرباڭزڭ ارككلریندن هانكیلرینه كورونوب هانكیلرینه گورونمه‌یه‌جكم!..» دیینجه خواجه «بڭا گورونمه ده هانكیسنه ایسترسەڭ گورون!» دیمشدر.

﴾ **لطیفه** ﴿ «حشیش سكر ویرر» دییه ایشیدوب مراق ایدرك عطاردن بر مقدار آلدی. استعمال ایدوب عقبنده حمامه گیرمشدی. ییقانیركن عقلنه گلدی. كندی كندینه «آدام سنده! نه سكر ویردیكی وار. نه ده عقله طوقوندیغی وار. لاف! اونی بهانه ایدرك مسخره‌لق ایدییورلر. یاخود عطار بنی آلداتدی. گیده‌یم شونی عطاردن تحقیق ایده‌یم» دییه‌رك چیریل چیپلاق سوقاغه اوغرادی. راست گلنلر «خواجه! نه‌در بو حال؟» دیدیكجه بر تفصیل آڭلاتیردی. ایشیدنلر گولمكدن قاتیلیرلردی.

﴾ **لطیفه** ﴿ خواجه طاغده اودون كسركن اولدیغی یره طوغرو قوجه‌مان بر آیی گلدیكنی گورنجه خوفندن همان بویوك بر آغاجه چیقمش. مكر او آغاج آخلاط ایمش. آیی ده گلمش، آلتنه یاتمش. خواجه بكله‌مش، بكله‌مش، حیوان گیتمه‌مش. آقشام اولمش. او گیجه مهتابه مصادف اولمغله آیینك هر وضعیتی آغاجدن سیر ایدرمش. نهایت آیی آغاجه چیقه‌رق آرمود ییمكه باشلامش. اولمش آرمود آرامق ایچون حیوان تبه‌یه طوغرو چیقدیقجه خواجه ده یوقاری یه چیقارمش. نهایت اڭ تپه‌یه چیقمش. آیی ده آلتینده‌كی داله چیقمش. خواجه‌نك بوسبوتون عقلی باشندن گیتمش. اولوم فجیعه‌سینی دوشونه‌رك خزان یاپراغی گیبی تیتررمش. آی كندی ایشیله مشغول اوله‌رق آرمودی قوپارپر، مهتابه طوغرو طوتار، اولمش ایسه یرمش. ینه بر دفعه‌سنده اوستنده مدهوش بر حالده طالمش اولان خواجه‌نك تا آغزی حذاسینه قدر قالدیرنجه خواجه كندیسنه آرمود اكرام ایدییور ظن ایدرك جان هولیله «بن یه‌مه‌م...»

٣٣

diye dehşetli bir sayha urunca kendi işiyle meşgul olan ayı neye uğradığını bilmeyüp ödü koparak kendini ağacdan aşağı bırakıvermekle o kocaman gövde dalları kırarak, sivri mahallerden parçalanarak "Pat..." diye yere düşdü. Bî-rûh olarak serildi. Hoca sabahleyin neden sonra ayının geberdigine hükm edüp ağacdan dürtüşdirerek yakin hâsıl eyledikden sonra inmiş. Geçirdigi en müdhiş korkulu gecenin mükâfâtı olmak üzere iri ve tüylü postını yüzüp memleketinin en galabalıklı mahallerinden kemâl-i gurûrla geçerek dostlarının bol bol âferinini kazandıkça içinden kis kis gülermiş.

(Latîfe): Hoca'nın mûnis, şaklaban, güzel bir kuzusu var imiş. Pek sevdigi içün eline geçeni yedirüp, hayvan yürüyemeyecek bir hâlde şişmiş. Hapazan komşularının gördikce ağızları sulanup iki de bir de "Cânım Hoca! Şu kuzuyu keselim de güzel bir eglence tertîb edelim" diye musallat oldıkca "Çocuklar! Dokunmayın. Şu hayvan benim eglencem. Bana bir hayvanı çok görmeyin. Sizin bu tasallutunuzdan cidden bî-zâr oluyorum" yolunda kelâmlarından Hoca gönlüyle bu hayvanı fedâ etmeyecegini yakinen anlamarıyla birgün bitişik komşusu kuzuyu kurd gibi kapar. Hoca'ya duyurmadan yirler. Kurnaz Hoca bi'l-vâsıta kimin çaldığını nasıl yediklerini anlar. Fakat hiç sezdirmez. İki sene sonra kuzuyu çalan komşunun bir tiftik keçisini birgün ele geçirir. Hoca da onu âfiyetle cünbüşlenir. Fakat komşu gayet cimri bir herîf olduğundan kış başa kadar heman her meclisde keçisinden bahs ederek "Şöyle semiz idi, böyle yağlı idi, boyu şu kadar idi, tüyü şu derece uzun idi" diye hadden aşırı vasf edüp keçiyi bilmeyenler

دییه دهشتلی بر صیحه اورنجی كندی ایشیله مشغول اولان آیی
نه‌یه اوغرادیغنی بیلمه‌یوب اودی قوپه‌رق كندینی آغاجدن آشاغی
بیراقی ویرمكله او قوجه گووده داللری قیره‌رق، سیوری محللردن
پارچالانه‌رق «پاف...» دییه یره دوشدی. بیروح اوله‌رق سزیلدی.
خواجه صباحلارین نه‌دن صوكره آیینك گبردیكنه حكم ایدوب
آغاجدن دورتوشدیره‌ك یقین حاصل ایله‌دیكدن صوكره اینمش.
گچیردیكی اك مدهش قورقولی گیجه‌نك مكافاتی اولمق اوزره ایری
وتویلی پوستینی یوزوب مملكتلینك اك غلبه‌لقلی محللرندن كمال
غرورله گچه‌رك دوستلرینك بول بول آفرینی قازاندیقجه ایچندن
كیس كیس گولرمش.

﴾ لطیفه ﴿ خواجه‌نك مونس، شاقلابان، گوزل بر قوزوسی
وار ایمش. پك سودیكی ایچون الینه كچی ییدیروب حیوان؛
یورویه‌مه‌یه‌جك بر حالده شیشمش. هاپازان قومشولرینك گوردكجه
آغیزلری صولانوب ایكیده برده «جانم خواجه! شو قوزی یی كسه‌لیم
ده گوزل بر اكلنجه ترتیب ایده‌لیم» دییه مسلط اولدیقجه «چوجوقلر!
طوقونمایك. شو حیوان بنم اكلنجه‌م. بكا بر حیوانی چوق گورمه‌یك.
سزك بو تسلطكزدن جدّاً بیزار اولیورم» یولنده كلاملرینك خواجه
گوگلیله بو حیوانی فدا ایتمه‌یه‌جكنی یقیناً آكلامه‌لریله بر گون
بیتیشیك قومشوسی قوزویی قورد گیبی قاپار. خواجه‌یه طویورمه‌دن
ییرلر. قورناز خواجه بالواسطه كیمك چالدیغنی، ناصل ییدكلرینی
آكلار. فقط هیچ سزدیرمز. ایكی سنه صوكره قوزویی چالان
قومشونك بر تفتیك كچیسنی بر گون اله كچیریر. خواجه ده اونی
عافیتله جنبشله‌نیر. فقط قومشو غایت جیمری بر حریف اولدیغندن
قیش باشه قدر همان هر مجلسده كچیسندن بحث ایدرك «شویله
سمیز ایدی، بویله یاغلی ایدی، بویی شو قدر ایدی، تویی شو درجه
اوزون ایدی» دییه حدّدن آشیری وصف ایدوب كچی یی بیلمه‌ینلر

۳۵

bunu hârikü'l-âde bir şey zan ederek ayn-ı hakikat gibi dinledikce Hoca'nın sinirlerine dokunmağa başlamış. Yine bir gece Hoca'nın hânesinde ictimâ' edilüp herîf bir münâsebet getirerek keçiyi deve kadar büyültmege, tüyünü altı okkaya çıkarmağa kalkışmakla berâber siyah renginde iken "kar gibi beyaz idi. İpekden yumuşak tüyü vardı" deyince Hoca muvâzenetini gaib edüp oğluna hitâben "Deli gönlüm der ki: Gideyim kilardan şu herîfin keçisinin postını getirüp ortaya atayım da siyah mı, beyaz mı? Kedi kadar mı, fil kadar mı meydana çıksın. Hicâbından yerlere geçsin. Biz de keçi masalından kurtulalım!" deyi vermişdir.

(Latîfe): Gayet hasîs olan sûbaşı bir aralık Hoca'ya "Efendi! Senin ava merâkın var, avcılarla görüşürsin. Bana tavşan kulaklı, geyik bacaklı, karınca belli bir tazı ısmarla" demiş. Hoca bir müddet sonra merkeb gibi bir koyun köpeğinin boğazına bir kendir takup getirmiş. Sûbaşı "Bu nedir" diye sorunca Hoca "Av köpegi ısmarlamadın mı idi" deyüp sûbaşı "Ben senden dağ keçisi gibi ince, hafif tazı istedimdi" demekle Hoca "Merâk etmeyin efendim! Sizin dâirenizde az zamânda bu da dediginiz hâle gelir!" dedi.

(Latîfe): Kadılığı hengâmında birisi gelüp "Efendim! Kırda sığır yayılırken bir alaca inek-galibâ sizin olmalı- bizim inegi karnından kakup öldürmüş. Buna ne lâzım gelir?" deyince Hoca "Bunda sâhibinin ne medhali var? Hayvandan kan da'vâsı edilmez!" demiş. Bu sefer herîf "Ben yanlış söyledim. Bizim inek sizinkini öldürmüş!" deyince Hoca Ha!.. O vakt mesele

بونی خارق العاده بر شی ظن ایدرك عین حقیقت گیبی دیگله‌دیكجه خواجه‌نك سینیرینه طوقونمغه باشلامش. یینه بر كیجه خواجه‌نك خانه‌سنده اجتماع ایدیلوب حریف بر مناسبت گتیره‌رك كچی یی دوه قدر بویولتمكه، تویینی آلتی اوقّه‌یه چیقارمغه قالقیشمقله برابر سیاه رنكده ایكن «قار گیبی بیاض ایدی. ایپكدن یومشاق تویی واردی.» دیینجه خواجه موازنتنی غائب ایدوب اوغلینه خطاباً «دلی گوگلم دیركه: گیده‌یم كیلاردن شو حریفك كچیسنك پوستینی گتیروب اورتایه آته‌یم ده سیاهمی، بیاضمی؟ كدی قدرمی؟ فیل قدرمی؟ میدانه چیقسین. حجابندن یرلره كچسین. بزده كچی ماصالندن قورتوله‌لیم!» دییی ویرمشدر.

﴿ لطیفه ﴾ غایت خسیس اولان صو باشی بر آرالق خواجه‌یه «افندی! سنك آوه مراقك وار، آوجیلرله گوروشورسین. بكّا طواشان قولاقلی، گییك باجاقلی، قارینجه بللی بر طازی ایصمارله» دیمش. خواجه بر مدت صوكره مركب گیبی بر قویون كوپكینك بوغازینه بر كندیر طاقوب گتیرمش. صوباشی «بو نه‌در؟» دییه صورنجه خواجه «آو كوپكی ایصمارلامه‌دیگمی ایدی» دییوب صوباشی «بن سندن طاغ كچیسی گیبی اینجه، خفیف تازی ایسته‌دیمدی؟» دیمكله خواجه «مراق ایتمه‌یك افندیم! سزك دائره‌گزده آز زمانده بو ده دیدیگكز حاله گلیر!..» دیدی.

﴿ لطیفه ﴾ قاضیلغی هنگامنده بریسی گلوب «افندم! قیرده صیغیر یاییلیركن بر آلاجه اینك ـ غالبا سزك اولملی؟ـ بزم اینكی قارنیندن قاقوب اولدورمش. بوكّا نه لازم گلیر» دیینجه خواجه «بونده صاحبنك نه مدخلی وار؟ حیواندن قان دعواسی ایدلمز آ؟» دیمش. بو سفر حریف «بن یاكلش سویله‌دیم؟ بزم اینك سزكگینی اولدورمش!» دیینجه خواجه «ها!.. او وقت مسئله

çatallaşdı. Bana şu rafdaki kara kaplı kitâbı indiri verin bakayım!" demişdir.

(Latîfe): Hoca bir akşam yorgun, zihni durgun bir hâlde hânesine gelüp bir medâr-ı inşirâh beklerken zevcesini ber-mu'tâd kaşı çatık görünce "Gülmez sultân! Gine ne var bakalım. Mahzâ sizin ma'işetiniz içün akşama kadar çalışdığımızın mükâfâtı olmak üzere ne biçim bir vaz'iyetle karşılayacaksın" dedi. Kadın "Allah Allah! Elbette bir sebebi var. Ahbâbımdan birinin tazesi çocuk üzerine gidi vermiş. Ona (başın sağ olsun)a gitdim. Daha yeni geldim. Anladın mı şimdi sebebini?" deyince Hoca "Ben senin düğün evinden geldigini de bilirim a" demiş.

(Latîfe): Hoca'ya ahbâbından biri misâfir gelmiş. Yedirmiş, içirmiş, sâ'at dörde kadar sohbet etmişler. Tam yatılacağı hengâmda misâfir: "Bizim iller, bizim iller, yatar iken üzüm yerler" diye bir de kahve altı çıkarılmasını işrâb[32] edince Hoca bi'l-bedâhe: "Biz de öyle âdet yokdur. Saklarlar da güzün yerler" diye mülâtefe ile herîfi yatacağına yatırmış. "Allah rahatlık versün"i çeküp savuşmuşdur.

(Latîfe): Esna-yı seyâhatde bir köyün imâmına misâfir olup hâne sâhibi "Efendi! Uykusuz musun, susuz musun" diye yemekden hiç bahs etmeyince Hoca "Buraya gelmezden evvel pınar başında uyumuşdım" demişdir.

(Latîfe): Birisi Hoca'ya kemâl-i iştihâ ile yemek yerken görüp, "Niçün beş barmağınla yiyorsun" diye sormakla "Altı barmağım olmadığı için" demiş.

---

[32] İşrâb: Bir maksadı kapalı olarak, ima yollu anlatma.

چاتاللاشدی. بگا شو رافده‌كی قاره قابلی كتابی ایندیری ویرگ باقه‌یم!» دیمشدر.

﴾ لطیفه ﴿ خواجه بر آقشام یورغون، ذهنی طورغون، بر حالده خانه‌سینه گلوب بر مدار انشراح بكلرکن زوجه‌سنی بر معتاد قاشی چاتیق گورنجه «گولمز سلطان! گینه نه‌وار باقله‌لیم. محضا سزك معیشتگز ایچون آقشامه قدر چالیشدیغمزگ مكافاتی اولمق اوزره نه بیچیم بر وضعیتله قارشیلایه‌جقسین!» دیدی. قادین «اللّه اللّه! البته بر سببی وار. احبابمدن برینك تازه‌سی چوجوق اوزرینه گیدی ویرمش. اوگا (باشك صاغ اولسون) گیتدیم. دها یكی گلدیم. آگلادیگمی شیمدی سببینی؟» دینجه خواجه «بن سنك دوكون اویندن گلدیكگی ده بیلیرم آ» دیمش.

﴾ لطیفه ﴿ خواجه‌یه احبابندن بری مسافر گلمش. یدیرمش، ایچیرمش. ساعت دورده قدر صحبت ایتمشلر. تام یاتیله‌جغی هنگامده مسافر! بزم ایللر، بزم ایللر. یاتار ایكن اوزوم یرلر. دییه بر ده قهوه آلتی چیقاریلمه‌سنی اشراب ایدنجه خواجه بالبداهه: بزده اویله عادت یوقدر. صاقاللارلرده گوزون یرلر. دییه ملاطفه ایله حریفی یاتاجیغینه یاتیرمش، «اللّه راحتلق ویرسون» ی چكوب صاووشمشدر.

﴾ لطیفه ﴿ اثنای صیاحتده بر كویك امامینه مسافر اولوب خانه صاحبی «افندی! اویقوسزمیسین، صوسزمیسین؟» دییه یمكدن هیچ بحث ایتمه‌ینجه خواجه «بورایه كلمزدن اول پیگار باشنده اویومشدیم!» دیمشدر.

﴾ لطیفه ﴿ بریسی خواجه‌یی كمال اشتها ایله یمك یركن گوروب «نیچون بش پارمغگله ییورسین؟» دییه صورمقله «آلتی پارماغم اولمدیغی ایچون!» دیمش.

۳۹

(Latîfe): Bir hâne yapdıracak olmuş. Komşuları, ahbâbı gelüp her biri bir şekl ta'rîf etmiş. Hem hepsi de ta'rîfinin icrâsındaber-mu'tâd- ısrâr eylemişler. Artık Hoca bıkup kim ne dediyse öyle yapmış. Hâneden başka her şeye benzeyen bir ucûbe vücûda gelmiş. İnşâ bitdikden sonra resm-i küşâda dostlarını çağırmış. "Nasıl begendiniz mi" demiş. Hiç begenmediklerini söylemişler. Hoca demiş ki: Hah! İşte bu sizin ta'rîf etdiginiz vechle yapıldı. Şimdi beni kendi hâlime bırakın da bu sefer de kendi bildigim gibi yapdırayım".

(Latîfe): Bir vakt Akşehir'de hapazan bir sûbaşı gelmiş. "Herkes bildigi yemegin sûret-i tabhını yazsın da bir kitâb vücûda getirelim" diye memleketin vücûhına[33] söylemekle bu söz Hoca'ya da aks etmiş. Hoca ertesi günü o zâtı görüp "Bu gece tâ sabâh i'mâl-i fikr etdim. Hiç işidilmedik nâdir bir yemek keşf etdim. Gayet basit, gayet latîf" deyüp "Nedir" dedikde "Balıma sarımsağı batırup yemek" dedi. Herîf hâliyü'z-zihn[34] bir adam olmağla ve derhâl sûbaşıya tesâdüf eylemesiyle "Efendim! Bizim beldemizin çok görmüş, çok bilmiş tuhaf meşreb bir hocası var. Şöyle garîb bir ta'âm ta'rîf etdi" diye anlatır. Sûbaşı da râvîsinden yüksek seviyede bir adam olmadığından "Acâyib" deyüp heman hânesine gidince akşam ta'âmında tecrübesini yapar. Bi't-tabi' pek mükeyyî bir şey olur. Herîf buna hiddetlenüp sabahleyin bu ta'âmı rivâyet eden ma'rifetiyle dîvân odasına Hoca'yı celb eder. "Bal ile sarımsağı yimeyi îcâd eden şahıs mısın" demekle Hoca mahviyetle "Evet

---

[33] Vücûh: Bir memleketin önde gelenleri.
[34] Hâliyü'z-zihn: Zihni boş.

《 لطيفه 》 بر خانه يابديره‌جق اولمق. قومشولرى، احبابى گلوب هر برى بر شكل بر شكل تعريف ايتمش. هم هپسى ده تعريفڭ اجراسنده ـبر معتادـ اصرار ايله‌مش. «سن يابديرمازسه‌ڭ بن ييٮه زورله يابديره‌جغم» دييه خواجه‌يى مجبور ايله‌مشلر. آرتيق خواجه بيقوب كيم نه ديديسه اويله يابمش. خانه‌دن باشقه هر شيئه بكزمه‌ين بر اعجوبه وجوده گلمش. انشا بيتديكدن صوڭره رسم كشاده دوستلرينى چاغيرمش. «ناصل بكنديكڭزمى؟» ديمش. هيچ بكنمه‌دكلرينى سويله‌مشلر. خواجه ديمش كه: «هاه! ايشته بو سزڭ تعريف ايتديكڭز وجهله يابيلردى. شيمدى بنى كندى حالمه بيراقيك ده بو سفرده كندى بيلديكم گيبى يابديره‌يم.»

《 لطيفه 》 بر وقت آقشهره هاپازان بر صوباشى كلمش. «هر كس بيلديكى يمك صورت طبخينى يازسون ده بر كتاب وجوده كتيره‌ليم» دييه مملكتك وجوهينه سويله‌مكله بو سوز خواجه‌يه ده عكس ايتمش. خواجه ايرته‌سى گونى او ذاتى گوروب «بو گيجه تا بصباح اعمال فكر ايتديم. هيچ ايشيديلمه‌ديك نادر بر يمك كشف ايتدمى. غايت بسيط، غايت لطيف!» دييوب «نه‌در؟» ديدكده «باله صاريمصاغى باتيروب باتيروب يمك!» ديدى. حريف خالى الذهن بر آدم اولمغله ودر حال صوباشى يه تصادف ايله‌مه‌سيله «افنديم! بزم بلده‌مزڭ چوق گورمش، چوق بيلمش تخف مشرب بر خواجه‌سى وار. شويله غريب بر طعام تعريف ايتدى!» دييه آڭلاتير. صوباشى ده راويسندن يوكسك سويّه‌ده بر آدم اولماديغندن «عجائب!» دييوب همان خانه‌سينه گيدنجه آقشام طعامنده تجربه‌سينى ياپار. بالطبع پك مقيّى بر شى اولور. حريف بوكا حدتله‌نوب صباحلين بو طعامى روايت ايدن معرفتيله ديوان اوطه‌سينه خواجه‌يى جلب ايدر. «بل ايله صاريمصاغى ييمه‌يى اجاد ايدن سنميسين؟» ديمكله خواجه محويّتله «اوت

٤١

efendim! Min-gayr-ı haddin[35] dâ'yiniz" der. Emr eder. Sabahleyin aç karna Hoca'nın önüne koyarlar. Hoca sarımsağı bala banup da çigneyince beşâ'at-i ta'amından[36] nâşî gayet acîb bir sûretle iki tarafına bakınır. Sûbaşı "Ne bakıyorsun? ihtirâ'[37] etdigin ta'âmı doya doya âfiyetle ye. İnsânın mahsûl-i karîhasında başka zevk olur" demekle Hoca "Efendim! Sâdaksınız[38]! Ancak dâ'înizin bu îcâdım bir nazariyeden ibâret olup henüz tecrübesini yapmamışdım. Şimdi yapdım amma nazariyesi ameliyesine uymadı. Ben de begenmedim" demişdir.

(Latîfe): Su destisi doldurmak üzere çaya daldırup dolduğu esnada elinden kurtulunca dibine inmiş. Hoca beklermiş. Birisi "A Hoca! Suya ne bakıyorsun" dedikde "Desti suya girdi. Çıkınca boğazından yakalayacağım" demiş.

(Latîfe): Yolda arkadaşıyla müşterek yoğurt almışlar. Yiyecekleri esnada arkadaşı ortadan çizüp (Ben hisseme şeker tozu dökecegim) demekle Hoca der ki: "Cânım! Bu bir mâî' bir şeydir. Elbette benim tarafıma da tadı bir parça gelir. Acîb bir şey olur. Dökeceksen bârî her tarafına dök de ağız tadıyla yiyelim". Herîf "Şekerim azdır. Sana vermege mecbûr degilim" demekle Hoca kızup elini dağarcığına uzatarak zeytunyağı şişesini çıkarup heman dökmege şürû' etdi. Herîf: "Bire aman! Hiç yoğurta zeytunyağı konur mu" dedikde Hoca "Sen ne karışırsın? Ben kendi hisseme dökecegim. Keyfimin kahyası degilsin a. Sen kendi bölügine karış" dedi. Herîf: "A cânım! Hiçbir mâî'nin bir tarafına bir şey dökülür de öbür tarafına bulaşmaz olur mu" deyince Hoca "Halt etme öyle ise! Dök şekeri ortaya" demişdir.

---

[35] Min-gayr-ı haddin: Haddim olmayarak.
[36] Beşâ'at-i ta'am: Yemegin acılığı.
[37] İhtirâ': İcad etme.
[38] Sâdak: Doğru.

افندیم! من غیر حدِّ داعیکز!» دیر. امر ایدر صباحلین آچ قارنه خواجهنك اوكینه قویارلر. خواجه صاریمصاغی باله باتوب ده چیکنهینجه بشاعت طعمندن ناشی غایت عجیب بر صورتله ایكی طرفینه باقینیر. صوباشی «نه باقییورسین! اختراع ایتدیك طعامی طویه طویه عافیتله یی. انسانك محصول قریحهسنده باشقه ذوق اولور» دیمکله خواجه «افندیم! صادقسکز! آنجق داعیکزك بو ایجادم بر نظریهدن عبارت اولوب هنوز تجربهسینی یاپمهمشدیم. شیمدی یاپدیم امّا نظریسی عملیسینه اویمادی. بن ده بکنمهدیم!» دیمشدر.

﴾ **لطیفه** ﴿ صو دستیسینی طولدرمق اوزره چایه طالدیروب طولدیغی اثناده الندن قورتولنجه دیبینه اینمش. خواجه بکلرمش. بریسی «آ خواجه! صویه نه باقییورسین؟» دیدکده «دستی صویه کیردی. چیقنجه بوغازندن یاقهلایهجغم!» دیمش.

﴾ **لطیفه** ﴿ یولده آرقهداشیله مشترك یوغورت آلمشلر. ییهجکلری اثناده آرقهداشی اورتهدن چیزوب «بن حصهمه شکر توزی دوکهجکم!» دیمکله خواجه دیرکه: «جانم! بو بر مایع بر شیدر. البته بنم طرفیمهده طادی بر پارچه گلیر. عجیب بر شی اولور. دوکهجکسهك باری هر طرفینه دوك ده آغزیم طادیله ییهلم.» حریف «شکرم آزدر. سكا ویرمکه مجبور دکیلم!» دیمکله خواجه قیزوب الینی طاغارجیغنه اوزاتهرق زیتون یاغی شیشهسنی چاقاروب همان دوکمکه شروع ایتدی. حریف «بره آمان! هیچ یوغورته زیتون یاغی قونورمی؟» دیدیکده خواجه «سن نه قاریشیرسین! بن کندی حصهمه دوکهجکم. کیفمك کهیاسی دکلسین آ. سن کندی بولوکیكه قاریش» دیدی. حریف «آ جانم! هیچ بر مایعك بر طرفنه بر شی دوکولورده او بر طرفنه بولاشمز اولورمی؟» دیینجه خواجه «خلط ایتمه ایوله ایسه! دوك شکری اورتهیه!» دیمشدر.

٤٣

(Latîfe): Hoca bir memlekete gidüp oranın ahâlîsinden bir kimse "Efendi hazretleri! Sizi pek sevdim! Buyurun bizde tuz, ekmek yiyelim. Hem de sohbet edelim" demekle Hoca ma'a'l-memnûniye kabul eyledi. Bir zamân sonra hakikaten ortaya tuz ile ekmek koymağla Hoca aç olduğundan nâ-çâr yemege başladı. O esnada kapuya bir dilenci gelüp birçok du'âlarla yiyecek istedi. Dehşetli hasîs olduğu nümâyân olan hâne sâhibi pencereden başını uzatup "Haydi def' ol oradan. Şimdi gelirsem belini kırarım!" dedigi hâlde dilenci yine tazarru'âtında devâm eyledigini Hoca görünce o da başını uzatup dilenciye "Baksan a ayol! Sen efendiyi başkalarına kıyâs etme! Öyle yalanı, şakası yok! Sözinün eridir. Yapar mı yapar" demişdir.

(Latîfe): Hoca'ya çocuk iken "Sen mi büyüksün, kardaşın mı" demişler. "Vâlidem geçen sene biraderin senden bir yaş büyük demişdi. Bu hesâbca bu sene ikimiz bir yaş olmamız lâzım gelir" demiş.

(Latîfe): Ahbâbından biri yeni bir hâne yapdırmışdı. Hoca'yı da'vet etdi. Sabahdan akşama kadar uzun uzadıya gezdirüp hâneye müte'allik dedi kodılarını dinletdigi hâlde yemek husûsına asla yanaşmadı. Hoca'nın açlıkdan safrası kabarup gözleri kararmağa başladı. O esnada hâne sâhibi tekrâr söze âğaz ile "Yemek odasını tez geçdiniz. Nezâretine, köşesine, bucağına dikkat etmediniz. Bunu pek i'tinâlı yapdırdım" diye tekrâr gezdirmege götürdü. Hoca her tarafına kemâl-i i'tinâ ile bakdıkdan sonra enini, boyını ölçmege, cebindeki deftere ba'zı çizgiler çizmege

﴿ **لطيفه** ﴾ خواجه بر مملكته كيدوب اورانك اهاليسندن بر كيمسه «افندى حضرتلرى! سزى پك سودیم! بويورك بزده طوز اكمك ييه‌لم. هم ده صحبت ايده‌لم» ديمكله خواجه مع الممنونيه قبول ايله‌دى. بر زمان صوكره حقيقةً اورته‌يه طوز ايله اكمك قويمغله خواجه آچ اولديغندن ناچار ييمكه باشلادى. او اثناده قاپويه بر ديلنجى گلوب بر چوق دعالرله ييه‌جك ايسته‌دى. دهشتلى خسيس اولديغى نمايان اولان خانه صاحبى پنجره‌دن باشينى اوزاتوب «هايدى دفعه اول اورادن! شيمدى گليرسه‌م بليكى قيراريم!» ديديكى حالده ديلنجى يينه تضرعاتنده دوام ايله‌ديكنى خواجه گورونجه او ده باشينى اوزاتوب ديلنجى يه «باقسه‌ك آ آيول! سن افندى يى باشقه‌لرينه قياس ايتمه! اويله يالانى، شاقه‌سى يوق! سوزينك اريدر. ياپارمى ياپار» ديمشدر.

﴿ **لطيفه** ﴾ خواجه چوجوق ايكن «سن مى بويوكسين؟ قارداشيكمى؟» ديمشلر. «والدم كچن سنه برادرك سندن بر ياش بويوك ديمشدى. بو حسابجه بو سنه ايكيمز بر ياش اولمه‌مز لازم گلير» ديمش.

﴿ **لطيفه** ﴾ احبابندن برى يكى بر خانه ياپديرمشدى. خواجه‌يى دعوت ايتدى. صباحدن آقشامه قدر اوزون اوزادى گزديروب خانه‌يه متعلق ديدى قوديلرينى ديكلتديكى حالده يمك خصوصينه اصلا ياناشمه‌دى. خواجه‌نك آچلقدن صفراسى قاباروب گوزلرى قارارمغه باشلادى. او اثناده خانه صاحبى بتكرار سوزه آغاز ايله «يمك اوطه‌سينى تز گچيپك. نظارتينه، كوشه‌سينه، بوجاغينه دقت ايتمه‌ديك. بونى پك اعتنالى ياپديرديم» دييه بتكرار گزديرمكه گوتوردى. خواجه هر طرفينه كمال اعتنا ايله باقديقدن صوكره انينى، بويينى اولچمكه، جيبنده‌كى دفتره بعض چيزگيلر چيزمكه

٤٥

başladı. Hâne sâhibi "Gördiniz mi efendim? Nasıl hoşunuza gitdi. Umarım ki kendi yemek odanızı da bu yolda ta'dîl etdireceksiniz!" demekle Hoca "Ne şübhe! Pek hoşuma gitdi. Gayet idâreli! İnsânın yıkımı boğaz meselesidir. Hâlbu ki sizin yemek odasının sûret-i teşkîlinden olmalıdır ki yemege müte'allik hiçbir şeyin vücûdu burada îcâb etmiyor!" demişdir.

(Latîfe): Bir meseleden dolayı köylisi Hoca'yı kadıya şikâyet eylemeleriyle kadı Hoca'yı celb edüp "Köylü seni istemiyor. Başının çaresine bak!" deyince Hoca "Asıl ben köylüyü istemem. Varsun onlar hangi cehenneme isterlerse gitsünler. O kadar halk nereye gitse bir köy teşkîl edebilirler. Fakat ben bir başıma şu yaşımdan sonra çiftimi çubuğumu dağıtayım da kendime hangi dağ başında mesken tedârik edeyim" demiş.

(Latîfe): Hoca merhûm uzun bir yoldan gelirken pek ziyâde yorulur. Kendi kendine "Yâ Rabbi! Ne olurdu lagar[39] bir merkebim olaydı da hiç olmazsa ayağımı yerden kaldıraydı!.." derken öteden bir sipahi atını koşdurarak gelüp arkasındaki altı aylık kulunu[40] göstererek Hoca'ya hitâben "Ey... Dayı! Böyle tenbel tenbel ağacın gölgesine çekilmekle olmaz. Çalışmalı! Haydi bakalım şu tay yoruldu, biraz sırtına al da şu karşıki köye kadar götürüver!" deyüp Hoca "Aman efendim! Ben kımıldayamadığımdan dolayı..." derken lakırdısını ikmâl etmek müyesser olmayup şimşek gibi bir kamçı sırtına inmekle beraber "Kalk kerrata!.. Öyle şu çam altı senin, bu pınar başı benim diye ağır er gibi, fıstıkı makam, konarak

---

39 Lagar: Zayıf, cılız.
40 Kulun: At yavrusu.

باشلادی. خانه صاحبی نه یاپدیغنی صورمقله اوطەنك رسمینی آلدیغینی سویلەدی. خانه صاحبی «گوردیکڭزمی افندیم؟ ناصل خوشگڭزه گیتدی. اومارىم که کندی یمك اوطەكڭزی ده بو یولده تعدیل ایتدیرەجکسیكڭز!» دیمكله خواجه «نه شبهه! پك خوشیمه گیتدی. غایت ادارەلی! انسانڭك ییقیمی بوغاز مسئلەسیدر. حال بوکه سزڭ یمك اوطەسینك صورت تشکیلندن اولمەلیدر که یمکه متعلق هیچ بر شیئك وجودی بورادە ایجاب ایتمەیور!» دیمشدر.

❰ لطیفه ❱ بر مسئلەدن طولایی کویلیسی خواجەیی قاضی یه شکایت ایلەمەلریله قاضی خواجەیی جلب ایدوب «کویلی سنی ایستەمیور. باشكڭك چارەسنه باق!» دیینجه خواجه «اصل بن کویلی یی ایستەمم. وارسون اونلر هانكی جهنّمه ایسترلرسه گیتسونلر. او قدر خلق نرەیه گیتسه بر کوی تشکیل ایدەبیلیرلر. فقط بن بر باشیمه شو یاشمدن صوڭره چفتمی چوبوغیمی طاغیتەبم ده کندیمه هانكی طاغ باشنده مسکن تدارك ایدەیم» دیمش.

❰ لطیفه ❱ خواجه مرحوم اوزون بر یولدن گلیرکن پك زیادە یورولور. کندی کندینه «یا ربی! نه اولوردی، لاغر بر مرکبم اولەیدی ده هیچ اولمزسه آیاغیمی یردن قالدیرەیدی !..» دیرکن اوتەدن بر سپاهی آتینی قوشدورەرق گلوب آرقەسندەکی آلتی آیلق قولونی گوسترەرك خواجەیه خطابا «ای... دایی! بویله تنبل تنبل آغاجك گولکەسینه چكلمكله اولمز. چالیشمالی! هایدی باقەلیم شو طای یورولدی؛ براز صیرتیڭە آل ده شو قارشیکی کویه قدر گوتوری ویر! » دییوب خواجه «آمان افندیم! بن قیمیلدایەمادیغمدان طولایی ...» دیرکن لاقیردیسینی اکمال ایتمك میسر اولمایوب شیمشك گیبی بر قامچی صیرتینه اینمکله برابر «قالق کڔّاته !.. اویله شو چام آلتی سنك، بو پیگار باشی بنم؛ دییه آغیرارگی، فیستیقی مقام؛ قونەرق

٤٧

göçerek, sümüklü böcek gibi bir konaklık mesâfeyi bir haftada kat' ederek dağlarda, kırlarda safâ etmeye insânı her vakt bırakmazlar" diye bağırınca çâresiz tayı salla sırt edüp ağanın önünde koşmağa başladı. Ara sıra inciklerini kamçı okşadıkca hop hop hopladı. Zavallı, köy karşıdan görününceye kadar on dakikalık mesâfeyi kat' edüp nihâyet tayla berâber yüzün koyu kapandı. Mermer yürekli herîf artık ziyâde ısrâr etmeyüp "Ayrancı Türk sen de!.." deyüp geçdi, gitdi. Zavallı Hoca kan ter içinde yarım sâ'at kadar kımıldanamayacak bir hâlde bî-hûş yatdıkdan sonra aklı başına gelüp sürünerek bir ağac dibine geldi. Başını âsümâna kaldırarak dedi ki: Yâ Rabbi! Besbelli dişlerim döküldigi cihetle ben lakırdı anlatamaz oldım! Ben istedim bir eşek, sen gönderdin binecek!"

(Latîfe): Hoca kızını bir köye gelin etmiş. Köyliler hayli uzadıkdan sonra Hoca koşarak bir buçuk sâ'atlik yolda, kan ter içinde bunlara yetişdi. Heman kadınları bir taraf ederek kızının yanına sokuldu. Herkes kemâl-i hayretle bakıyordu. Hoca kızına dedi ki: "Kızım! Dikiş dikerken igneye sapladığın ipligin ucını düğümlemesini unutma! Çünkü eger düğümü olmazsa acele ile iplik çıkı verir. İgne elinde dikile kalır".

(Latîfe): Hoca merhûmun cümle-i kerâmetlerinden biri de köylülere poyraz satmasıdır. Şöyle ki: Bir sene bir köye imâm olur. Ramâzân ayı hitâm bulunca köylüler mahsûlün kıtlığını bahâne ederek Hoca için her sene mukannen[41] olan buğdayı vermemege kalkışırlar. Hoca da bunlara kızup tan harman zamânı olmağla "Öyle ise ben de size rûzgâr

---

[41] Mukannen: Belli.

گوچه‌رك؛ سوموكلی بوجك گیبی بر قوناقلق مسافه‌یی بر هفته‌ده قطع ایدرك طاغلرده، قیرلرده صفا ایتمه‌یه انسانی هر وقت بیراقمزلر!» دییه باغیرنجه بیچاره چاره‌سز طایی صاللا صیرت ایدوب آغانك اوگنده قوشمغه باشلادی. آره صیره اینجكلرینی قامجی اوقشادیقجه هوپ هوپ هوپلاردی. زواللی؛ كوی قارشیدن گورونجه‌یه قدر اون دقیقه‌لق مسافه‌یی قطع ایدوب نهایت طایله برابر یوزون قویو قاپاندی. مرمر یوركلی حریف آرتیق زیاده اصرار ایتمه‌یوب «آیرنجی تورك سنده !..» دییوب گچدی، گیتدی. زواللی خواجه قان تر ایچنده یاریم ساعت قدر قیمیلدایه‌مایه‌جق بر حالده بیهوش یاتدیقدن صوگره عقلی باشینه گلوب سورونه‌رك بر آغاج دیبنه گلدی. باشینی آسمانه قالدیره‌رق دیدی كه: یا ربی! بسبللی دیشلریم دوكولدیكی جهتله بن لاقیردی آگلاته‌مز اولدیم! بن ایسته‌دیم بر أشك. سن گوندردیك بینه‌جك!

﴿ لطیفه ﴾ خواجه قیزینی بر كویه گلین ایتمش. كویلیلر خایلی اوزادیقدن صوگره خواجه قوشه‌رق بر بوجوق ساعتلك یولده، قان تر ایچنده بونلره یتشدی. همان قادینلری برطرف ایدرك قیزینك یانینه صوقولدی. هركس كمال حیرتله باقییوردی. خواجه قیزینه دیدی كه: قیزیم! دیكیش دیكركن ایگنه‌یه صاپلادیغك ایپلیكك اوجینی دوكوملله‌مه‌سینی اونوتمه! چونكه اگر دوكومی اولمزسه عجله ایله ایپلیك چیقی ویریر . ایگنه الگده دیكیله قالیر!

﴿لطیفه ﴾ خواجه مرحومك جملهٔ كراماتندن بری ده كویلوله بویراز صامته‌سیدر. شویله‌كه: بر سنه بر كویه امام اولور. رمضان آیی ختام بولنجه كویلولر محصولك قیتلغینی بهانه ایدرك خواجه ایچون هرسنه مقنن اولان بوغدایی ویرمه‌مه‌كه قالقیشیرلر. خواجه‌ده بونلره قیزوب تام خرمن زمانی اولمغله «اویله ایسه بن ده سزه روزگار

٤٩

vermem. Bulun rûzgârınızı, savurın harmanınızı!" diyerek harman yerine nâzır bir tepeye kocaman bir hasır gere. Hakikaten günlerce poyraz harman yerine uğramaz. Bir taraftan da kalın bulutlar havada cevelân etmege başlamağla köylüleri telâş alır. Bir mu'tekid[42] köylü "Efendi! Ben geçen seneki Hoca hakkının iki mislini verecegim" demekle Hoca gözinin önünde onun harmanına doğru hasıra parmağını sokup bir delik açar. Bir de herîf harman yerine gidince mükemmel rûzgâr bulur. Başlar savurmağa. Az zamânda muntazam rûzgârla hep çeçlerini, yığınlarını ikmâl eder. Sevine sevine buğdayı samanı çuvallara doldurur, kagnıya yükletir, hânesine der-anbar eder. Bunu gören komşuları da acele harman yerine gelirle. Yaz başında oldıkları hâlde rûzgârdan eser bulamazlar. Diker harmancı der ki: "Nâfile yorulma. Git Hoca'ya hakkını va'd et. Rûzgâr satın al. O da bi'l-mecbûreye gider. Hoca onun harmnı tarafına da hasıra bir delik açar. O köylü de derhâl işini görür. Bunu gören köylüler tepeye hücûm edüp hepsi Hoca'dan rûzgâr satın alarak hakkını bol bol vereceklerini va'd ederler.

Hoca "Köyliler! Sakın Hoca'yı kandırırız da işimiz bitdigi vakt sözimizden döneriz gibi hâtırınıza bir sui-i'tikad gelmesin. Sonra Cenâb-ı Hakk harmanınızı savurur. Avucunuzda bir hava kalır" demekle, köylü korkup hulûs ve cedâetle ahdlerinde dururlar. Güzel güzel Hoca'nın hakkını va'd eylerler. Hoca da herkesin harmanına birer delik açar. Hep savururlar. Bereketli mahsûl aldılar. Hoca'nın hakkını iki misli olarak tediye ederler. Köylü dahi malın bereketini bulur. Hoca da bir sene ferîh ve fahûr[43] geçinecek zahiresini der-anbar eder. Hoca zahiresini kagnılara yükletüp köy hâricinde ayrılık

---

[42] Mu'tekid: İnanan.
[43] Ferîh, fahûr: Sevinçli, mutlu.

ویرمم. بولك روزگاريكزى، صاووريك خرمانگزى!» دييهرك خرمان يرينه ناظر بر تپه‌يه قوچه‌مان بر حصير گرر. حقيقةً گونلرجه بويراز خرمن يرينه اوغرامز. بر طرفتن ده قالين قالين بولوتلر هواده جولان ايتمكه باشلامغله كويلولرى تلاش آلير. بر معتقد كويلى « افندى! بن گچن سنه‌كى خواجه حقينك ايكى مثلينى ويره‌جكم ! » ديمكله خواجه گوزينك اوگئنده اونك خارمانينه طوغرو حصيره پارماغينى صوقوب بر دليك آچار. برده حريف خارمان يرينه كيدنجه مكمل روزگار بولور. باشلار صاوومغه. آز زمانده منتظم روزگارله هپ چچلرينى، يیغينلرينى اكمال ايدر. سوينه سوينه بوغدايى صامانى چوواللره طولدورور، قاغلى يه يوكله‌تیر، خانه‌سينه در آنبار ايدر. بونى گورَن قومشولرى ده عجله خارمان يرينه گليرلر. يانى باشينده اولديقلرى حالده روزگاردن اثر بوله‌مزلر. ديكر خارمانجى ديركه: نافله يورولمه. گيت خواجه‌يه حقينى وعد ايت. روزگار صاتين آل. اوده بالمجبوريه گيدر. خواجه اونك خارمانى طرفينده حصيره بر دليك آچار. او كويلى ده درحال ايشينى گورور. بونى گورن كويلولر تپه‌يه هجوم ايدوب هپسى خواجه‌دن روزگار صاتين آله‌رق حقينى بول بول ويره‌جكلرينى وعد ايدرلر.

خواجه « كويليلر! صاقين خواجه‌يى قانديريرزده ايشيمز بيتديكى وقت سوزيمزدن دونرز گيبى خاطريكزه بر سؤ اعتقاد كلمه‌سين. صوگر جناب حق خارمانگزى صاوورور. أووجيگزده بر هوا قالير» ديمكله كويلى قورقوب خلوص وجدانله عهدلرينده طورورلر. گوزل گوزل خواجه‌هنك حقينى وعد ايلرلر. خواجه‌ده هركسك خارمانينه برر دليك آچار. هپ صاوورورلر. بركتلى محصول آليرلر. خواجه‌نك حقينى ايكى مثلى اوله‌رق تأديه ايدرلر. كويلى دخى مالنك بركتينى بولور. خواجه‌ده بر سنه فريح و فخور كچينه‌جك ذخيره‌سنى در انبار ايدر. خواجه ذخيره‌سنى قاغليلره يوكله‌توب كوى خارجنده آيرليق

٥١

çeşmesinde vedâ´ ta´âmını ederek du´â eyledikden sonra ayrılacağı sırada köylüye müteveccihen "Tanrı Te´âlâ hak sahibinin hakkını el ile alamazsa işte böyle yel ile alır" demişdir.

Mervîdir ki o köyde hâlâ rûzgâr mukata´ası câri imiş.

Rahmet etsün Nasreddîn'e Hakk

Oldu bizden bu du´âya müstehak

Her sözü şâyeste-i takdîrdir

Her rümûzu kabil-i tefsîrdir

Sanma kim abtala idi ol hurdadan

Her sözü bir nükte eylerdi beyan

Hem gülüp hem yazma düşdü izzete

İrdi (318)de gayete

Bursa Mekteb-i Mülkiyesinde Hâfız Ali Hulki Efendi tarafından:

(Latîfe): Birgün Akşehir'de ebhâs cedelci bir suhte gelüp "Şehrinizin en âlimi kimdir" diye sormakla Hoca merhûmu ta'rîf ederler. Arar, bulur. "Hoca Efendi sana kırk suâlim var. Fakat cümlesine bir cevâb verüp müşkili hal edeceksin" der. Hoca kayıdsızca "Söyle bakalım suâllerinizi" deyüp kırkını da cân kulağıyla dinledikden sonra "Lâ edrî küllehâ" ya'ni hepsine birden "Bilmem" kelimesiyle bir cevâb verüp mu'ârızını iskât eylemişdir.

(Latîfe): Birgün Hoca merhûma "Burnun hangi tarafda" demişler. Ensesindeki "Ukde-i hayâtiye"[44] mevzi'ini göstermiş. "Hoca Efendi! Tamamıyla zıddını ve mukabilini ta'rîf etdiniz" deyince

---

[44] Ukde-i hayat: Ense kökünde bulunan ve bütün sinirlerin birleştiği yere verilen ad.

چشمهسنده وداع طعامنی ایدهرك دعا ایلهدكدن صوكره آیریلهجغی صیرهده كویلیيه متوجها « تاكری تعالی حق صاحبینك حقینی ال ایله آلمزسه ایشته بویله یل ایله آلیر!» دیمشدر

مرویدركه او كویده حالا روزگار مقاطعهسی جاری ایمش

رحمت ایتسون روح نصر الدینه حق

اولدی بیزدن بو دعایه مستحق

هر سوزی شایستهٔ تقدیردر

هر رموزی قابل تفسیردر

صانمه كیم اَبَلَهْ ایدی اول خرده دان

هر سوزی بر نكته ایلردی بیان

هم كولوب هم یازمه دوشدی عزّته

ایردی (۳۱۸) ده غایته

بروسه مكتب ملكیسنده حافظ علی خلقی افندی طرفندن :

﴿ لطیفه ﴾ برگون آقشهره ابحّاث جدلجی بر سوخته گلوب « شهریكزك اك عالمی كیمدر؟» دییه صورمقله خواجه مرحومی تعریف ایدرلر. آرار، بولور. «خواجه افندی ! سكا قرق سؤالم وار. فقط جملهسینه بر جواب ویروب مشكلمی حل ایدهجكسین!» در. خواجه قیدسزجه «سویله باقهلیم سؤاللریكی!» دییوب قیرقینی ده جان قولاغیله دیكلهدیكدن صوكره «لا ادری كلها» یعنی هپسینه بردن «بیلمم» كلمهسیله بر جواب ویروب معارضیی اسكات ایلهمشدر .

﴿ لطیفه ﴾ برگون خواجه مرحومه «بورنك هانكی طرفده!» دیمشلر. اكسهسندهكی «عقدهٔ حیاتیه» موضعینی كوسترمش. «خواجه افندی! تماميله ضدینی ومقابلنی تعریف ایتدیكز!» دیینجه

۵۳

Hoca "Hah!.. Gördin mi? Aksi ta'yîn etmedikce aslı tekarrür etmez" demiş.

Kızıltoprak'da (Tevfik Begzâde Gıyaseddin Beg) tarafından:

(Latîfe): Hoca merhûm kızının eline destiyi verüp suratına iki de tokat aşk ederek "Sakın destiyi kırma ha!" der. Yavrucağızın ruhsâr-ı ma'sûmânesinden dürdânelerin[45] döküldigini görenler "Efendi! Bu bî-günâh ma'sûma bî-gayr-ı hak[46] işkence revâ mıdır" dediklerinde "Asıl destiyi kırmadan âkıbetin vehâmetini göstermelidir ki dikkat etsün. Yoksa desti kırıldıkdan sonra fâ'iline cezâ vermekle yerine gelmez" der.

Bir küçük kari tarafından vürûd eylemişdir:

(Latîfe): Hoca merhûm zevcesinin egirdigi ipligi pazara götürüp gaddâr esnâflar birçok hîle ve bahâne ile Hoca'nın elinden yok bahâsına almak isterler. Hoca kendi kendine "Size mürtekib olduğunuz meslek vâsisinde mukabele etmek yarar" diyerek küllükde bulduğu kocaman bir deve başını hânesine getirüp ipligi üzerine sarar. Gayet iri bir yumak husûle gelir. Yine çarşıya gidüp diger tüccârâne gösterir. Birisi yumağa nisbetle aşağı bir fiyat verirse de Hoca düşünür, daresi çıkınca tam ipligin bahâsıdır. Heman "Say parasını" der. Herîf bu kadar iri yumağın bu fiyata verilmesine şübhelenüp "Efendi! Bu yumak sizin hâne mahsûlün müdür? Yoksa başkasının mı? Sakın içinde bir şey olmasun" deyince Hoca kemâl-i ciddiyetle "Devenin başı" der. Müşteri mutmain olup parasını sayar, Hoca da para ile sıkıntısını def' eder. Müşteri dükkânında

---

[45] Dürdâne: İnci tanesi.
[46] Bî-gayr-ı hak: Haksız yere.

خواجه «هاه !.. گوردیگمی؟ عکسی تعین ایتمه‌دیکجه اصلی تقرر ایتمز» دیمش.

قیزیل طوبراقده (توفیق بك زاده غیاث الدین بك) طرفندن :

لطیفه خواجه مرحوم قیزینك الینه دستی یی ویروب صوراتینه ایکی ده توقات عشق ایدرك «صاقین دستی یی قیرمه ها !» دیر. یاورو‌جغزك رخسار معصومانه‌سندن دردانه‌لرك دوگولدیکینی گورنلر «افندی ! بو بیگناه معصومه بغیر حق اشکنجه روامیدر؟.» دیدیکلرینده «اصل دستی یی قیرمه‌دن عاقبتك وخامتینی گوستر‌مه‌لیدر که دقت ایتسون. یوقسه دستی قیریلدیقدن صوكره فاعلنه جزا ویرمکله یرینه کلمز» دیر .

بر کوچوك قارئ طرفندن ورود ایله مشدر :

لطیفه خواجه مرحوم زوجه‌سنك اکیردیکی ایپلکی پازاره گوتوروب غدّار اصنافلر بر چوق حیله وبهانه ایله خواجه‌نك الندن یوق بهاسینه آلمق ایسترلر. خواجه کندی کندینه « سزه مرتکب اولدیغكز مسلك وادیسنده مقابله ایتمك یارار» دییه‌رك کوللکده بولدیغی قوجه‌مان بر دوه باشینی خانه‌سینه گتیروب ایپلیکی اوزرینه صارار. غایت ایری بر یوماق حصوله گلیر. ینه چارشی‌یه کیدوب دیکر تجارانه گوسترر. بریسی یوماغه نسبتله آشاغی بر فیئات ویریر‌سه‌ده خواجه دوشونور؛ داره‌سی چیقنجه تام ایپلیکك بهاسیدر .همان «سای پاره‌سینی! » دیر. حریف بو قدر ایری یوماغك بو فیئاته ویریلمه‌سینه شبهه‌له‌نوب « افندی! بو یوماق سزك خانه محصولیمیدر؟ یوقسه باشقه‌سینگمی؟ صاقین ایچنده بر شی اولماسون؟» دینجه خواجه کمال جدّیّتله « دوه‌نك باشی» دیر. مشتری مطمئن اولوب پاره‌سینی صایار، خواجه‌ده پاره ایله صیقینتیسینی دفع ایدر. مشتری دکانینده

۵۵

yumağı çözüp de içinde azîm bir kafa görünce heman Hoca'yı bulup "Efendi! Bu size yakışır mı? Bana yumağın içinde bir şey yok dedin. Beni aldatdın" deyince Hoca gülerek der ki: "Eger sen kıymetini bilsen benim sana verdigim ders, senin hîle ile kazanacağın birkaç paradan bin kat nâfi'dir. Bir kerre şu bî-çâre zevcemin göz nûru dökerek vücûda getirdigi ve benim de sevk-i zarûretle satdığım iplik sana halâldan mikdâr-ı kâfî kâr getirir. Piyasayı biliyorum. İkincisi ben sana yalan söylemedim. Yok devenin başı diye hîleyi aynen i'tirâf eyledim. Sen de o hâliyle satın aldın. Eger böyle yapmasaydım da deger fiyatını bulmağa inâd edeydim ya elimde malım olduğu hâlde nâ-çâr kaldığım bir zarûret mündefi' olmayacakdı. Yâhûd ölü bahâsına malımı sizin kucağınıza atup mağbûn[47], mel'un olduğum hâlde hâib ve hâsir çekilüp gidecekdim. Ashâb-ı ilm ve takvâ hîleye saymaz. Nâ-çâr kalmadıkça bu derecesine bile sülûk eylemez. Benim malım verdigin parayı çıkarup hatta sana da birkaç para kazandırmazsa dünyâ gaib olur. Hoca Nasreddîn gaib olmaz. Her vakt borcumu tediyeye, hîlemi tasfiyeye hazırım".

(Latîfe): Hoca merhûm birkaç kişi ile bir mahalde oturup sohbet ederken Hoca ile şöyle bir mu'ârefesi olan bir kimse gelüp "Kuzum efendim! Şu altunu bozu ver" dedi. Hoca resmî görüşdigi adamlar içinde nasılsa "Param yok" demege sıkılup "Şimdi sırası mı ya" diye başından savmak istediyse de herîf şiddet-i lüzûmundan nâşî ibrâm eyledi. Nâ-çâr Hoca bir bahâne i'mâline mecbûr olup "Ver bakalım altunu" dedi. Eline alup evirdi, çevirdi. Avucunda veznini tahmîn eyledi. Nihâyet "Oğlum! Ben bu altunu bozamam. Eksikdir" dedi. "Cânım Hoca Efendi!

---

47 Mağbûn: Ticarette zarara uğramış.

يوماغنى چوزوب ده ايچنده عظيم بر قفا گورونجه همان خواجه‌يى بولوب: « افندى ! بو سزه ياقيشيرمى؟ بگا يوماغك ايچنده بر شى يوق ديدیك، بنى آلداتدیك! » دينجه خواجه گوله‌رك ديركه: « اكر سن قيمتينى بيلسك بنم سگا ويرديكم درس، سنك حيله ايله قازانه‌جگك برقاچ پاره‌دن بيك قات نافعدر. بر كرّه شو بيچاره زوجه‌مك گوز نورى دوكه‌رك وجوده گتيرديكى وبنم ده سوق ضرورتله صاتدیغم ايپلك سگا حلاللندن مقدار كافى كار گتيرير. پياسه‌يى بيلييوروم. ايكنجيسى بن سگا يالان سويله‌مه‌ديم. « يوق ؛ دوه‌نك باشى » دييه حيله‌يى عينا اعتراف ايله‌ديم. سن ده او حاليله صاتين آلدیك. اكر بويله ياپماسه‌يديم ده دكر فيأتينى بولمغه عناد ايده‌يديم. يا المده مالم اولديغى حالده ناچار قالديغم بر ضرورت مندفع اولمايه‌جقدى. ياخود اولو بهاسينه ماليمى سيزك قوجاغيگزه آتوب مغبون ملعون اولديغم حالده خائب وخاسر چكيلوب گيده‌جكدیم. اصحاب علم وتقوا حيله‌يه صاپمز. ناچار قالمادیقجه بو درجه‌سينه حيله سلوك ايله‌مز. بنم ماليم ويرديكك پاره‌يى چيقاروب حتى سگا ده برقاچ پاره قازانديرمزمسه دنيا غائب اولور. خواجه نصر الدين غائب اولمز. بن هر وقت بورجمى تأديه‌يه، حيله‌مى تصفيه‌يه حاضرم!.. »

« لطيفه » خواجه مرحوم بر قاچ كيشى ايله بر محلده اوتوروب صحبت ايدركن خواجه شويله بر معارفه‌سى اولان بر كيمسه گلوب « قوزوم افندم! شو آلتونى بوزى وير ! » ديدى . خواجه رسمى گوروشديكى آدملر ايچنده ناصلسه « پاره يوق! » ديمكه صيقيلوب « شيمدى صيره‌سى مى يا !» دييه باشدن صاومق ايسته‌ديسه‌ده حريف شدت لزومندن ناشى ابرام ايله‌دى. ناچار خواجه بر بهانه اعمالينه مجبور اولوب « وير باقه‌يم آلتونى! » ديدى. الينه آلوب اويردى، چويردى. آووجنده وزنينى تخمين ايله‌دى. نهايت « اوغلوم ! بن بو آلتونى بوزه‌مم . اكسيكدر» ديدى. « جانم خواجه

۵۷

Sen boz kaç para eksik alırsan ben râzıyım" dedi. Hoca kendi kendine mırıldayup ba'dehu "A yol! Çok eksik çok. Nâfile ben bozamam" demişse de herîf ellerine sarılup "Kaç akçe verirsen ver. Sonra altunu aldığım yere i'âde ederim. Senin paranı da geri veririm. Bana büyük bir dostluk etmiş olacaksın" diye yalvarmağla Hoca bir taraftan terlemege, diger taraftan da fenâ hâlde kızarmağa başlayup nihâyet yakayı kurtarmak içün elinde biraz daha döndürüp aktardıkdan ve avucunda bir müddet sıçratup hoplatdıkdan sonra "Hesâb etdim. Bu altunu verdikden başka sizin daha üste altı buçuk akçe vermeniz lâzım geliyor" demişdir.

Konya'da Akşehirli Marangoz Ahmed imzâsıyla irsâl olunmuşdur:

(Latîfe): Rüyâsında komşu kadınlar Hoca'nın etrâfını alup "Efendi! Sana pek münâsibdir" diye bir kadınla izdivâc etdirmege uğraşıyorlarmış. Hoca halecânla uyanup heman haremini dürtüp uyandırarak "Kalk! Be gayretsiz kadın. Amma fütûrsuzsın ha! Yanıbaşımda olduğun hâlde hiç aldırmıyorsun. Komşu kadınlar beni zor ile evlendiriyorlar. Üstüne ortak geliyor. Haydi şu kadınları def' et, yoksa sen bilirsin. Beni söylemedi deme. Eskiye i'tibâr yok ha!.." demişdir.

(Latîfe): Komşularından hayâsızlıkda meşhûr bir kadın birgün Hoca'nın yanına gelüp "Cânım Efendi! Şu benim deli kıza bir nefes mi edeceksin, muska mı vereceksin? Bir şey yap da biraz akıllansın. Hergün benimle pençe pençeye, yapmadığı delilik yok. Hande ise bana dayak da atacak" deyince Hoca "Hanım! Ona benim gibi ihtiyârın

افندی! سن بوز قاچ پاره اكسيك آليرسەڭ بن راضی يم» ديدی. خواجه كندی كندينه ميريلدانوب بعده ((آيول! چوق اكسيك چوق. نافله بن بوزەمم. » ديمشسەدە حريف اللرينه صاريلوب ((قاچ آقچه ويريرسەڭ وير. صوڭره آلتونی آلديغم يره اعاده ايدرم، سنك پارەڭی ده گری ويريرم. بڭا بويوك بر دوستلق ايتمش اولەجقسين» دييه يالوارمغله خواجه بر طرفدن ترلەمكه، ديكر طرفدن ده فنا حالده قيزمغه باشلايوب نهايت ياقەيی قورتارمق ايچون الينده براز دها دوندروب آقتارديقدن وآووجنده بر مدت صچراتوب هوپلاتديقدن صوڭره ((حساب ايتديم. بو آلتونی ويرديكدن باشقه سزڭ دها اوسته التی بوجوق آقچه ويرمەڭز لازم گليور» ديمشدر.

قونيه ده آقشهرلی مارانغوز احمد امضاسيله ارسال اولونمشدر :

((لطيفه)) رؤياسنده قومشو قادينلر خواجەنك اطرافينی آلوب «افندی! سڭا پك مناسبدر!» دييه بر قادينله ازدواج ايتديرمكه اوغراشييورلرمش. خواجه خلجانله اويانوب همان حرمينی دورتوب اوياندیرەرق ((قالق! به غيرتسز قادين. امّا فتورسزسين ها! يانی باشيمده اولديغك حالده هيچ آلديرمەيورسين. قومشو قادينلر بنی زور ايله اولندیرییورلر. اوستيكه اورتاق گلييور. هايدی شو قادينلری دفع ايت؛ يوقسه سن بيليرسين. بنی سويلەمەدی ديمه. اسكی يه اعتبار يوق ها!..» ديمشدر .

((لطيفه)) قومشولردن حياسزلقده مشهور بر قادين برگون خواجەنك يانينه گلوب «جانم افندی ! شو بنم دلی قيزه بر نفسمی ايدەجكسين، موصقەمی ويرەجكسين؟ برشی ياپ ده براز عقللانسين. هرگون بنمله پنچه پنچەيه! ياپمادیغی دليلك يوق. هانده ايسه بڭا داياق ده آتەجق» ديينجه خواجه «خانم! اوڭا بنم گبی اختيارڭ

٥٩

nefesi tesîr etmez. Benim nasîhatimi dinlersen sen ona yirmi beş, otuz yaşında gencce bir adam bul da o ona hem hocalık eder, hem kocalık eder. Ve aile gailesi, çoluk çocuk telâşesi onu döndürür. Melek gibi olur" demişdir.

(Latîfe): Zavallı Hoca'nın bir yorganı olup kış günü binişini fülânı, hâsılı ellerine ne geçerse örtünürlermiş. Yine ziyâdece kar yağdığı bir zamânda gece karısı "A Efendi! Hiç para kazanmazsın! Olur ile kanâ'at edecegiz diye nasılsa bir yorgana bile mâlik olamadık. Şimdi iki yorganımız olsaydı da rahat rahat örtünseydik. Benim de üstüme şunu bunu örtmek zıddım. Biri uzunca gelir, biri kısa gelir. Derken biri bir tarafa kayar, öbürü başka bir cihete toplanır. Ah yoksulluğun gözü kör olsun. Ey ne yapalım. Bir vakt benim babam..." diye Hoca'nın senelerden beri dinledigi ve karıdan daha iyi ezberlediği masallara başlayınca Hoca "Yo...k. Bak! Ben hem yorgunum hem uykusuzum. Dır dır istemem. Güzel güzel uykunu uyu bakayım" dediyse de kadının bir kere makaraları açılmış olmağla susması kabil olmayınca Hoca "Dur karıcığım. Sana kıyâmet kadar pamuk getireyim. İstedigin kadar yatak yap, yorgan yap" diye kalkup hararı omuzladığı gibi doğru havluya inerek karları doldurmağa başladı. Kadın pencereden seyr ederek "Be adam! Bu ayazda kar ile oynayarak kendini hasta edüp de başıma bir derd daha mı çıkaracaksın. Ne yapacaksın onları?" demekle Hoca "İşte sana hüdâ-yı nâbit birçok pamuk" demiş. Kadın "Ayol! Hiç kar adamı ısıdır mı" deyince Hoca "Isıtmayacak olsa hiç babalarımız, dedelerimiz altında yumuşak sıcacık, mışıl mışıl uyurlar mı" demiş.

نفسى تأثير ايتمز. بنم نصيحتيمى ديكلرسه‌ك سن اوكا ييكرمى بش، اوتوز ياشده‌سنده گنجه‌جه بر آدام بول ده او اوكا هم خواجه‌لق ايدر، هم قوجه‌لق ايدر. وعائله غائله‌سى، چولوق چوجوق تلاشه‌سى اونى موممه دوندورور. ملك گبى اولور» ديمشدر.

﴿ لطيفه ﴾ زواللى خواجه‌نك بر يورغانى اولوب قيش گونى بينيشينى، فلانى، حاصلى اللرينه نه گچرسه اورتونور ياتارلرمش. يينه زياده‌جه قار ياغديغى بر زمانده گيجه قاريسى «آ افندى! هيچ پاره قازانمزسين! اولور ايله قناعت ايده‌جكز دييه فضله بر يورغانه بيله مالك اوله‌ماديق. شيمدى ايكى يورغانمز اولسه‌يدى ده راحت راحت اورتونسه‌يديك. بنم ده اوستيمه شونى بونى اورتمك ضدّم. برى اوزينه گلير، اوبرى قيصه گلير. ديركن برى بر طرفه قايار، اوبرى باشقه بر جهته طوپلانير. آه يوقسوللغك گوزى كور اولسون. اى نه ياپه‌ليم. بر وقت بنم بابام ....» دييه خواجه‌نك سنه‌لردن برى ديگله‌ديكى وقاريدن دها ايى ازبرله‌ديكى ماصاللره باشلاينجه خواجه «يو...ق. باق! بن هم يورغونم هم اويقوسزم. ديردير ايسته‌ه‌مم. گوزل گوزل اويقوكى اويو باقه‌يم» ديدىسه‌ده قادينك بر كره ماقاره‌لرى آچيلمش اولمغله صوصمه‌سى قابل اوله‌ماينجه خواجه «طور قاريجغم. سكا قيامت قدر پاموق گتيره‌يم. ايسته‌ديكك قدر ياتاق ياپ، يورغان ياپ» دييه قالقوب خارارى اوموزله‌ديغى گيبى چوغرى حاولى يه اينه‌رك قارلرى طولدورمغه باشلادى. قادين پنجره‌دن سير ايدرك «به آدم! بو آيازده قار ايله اوينياه‌رق كنديكى خسته ايدوب ده باشيمه بر درد دها مى چيقاره‌جقسين. نه ياپه‌جقسين اونلرى؟» ديمكله خواجه «ايشته سكا خدايى نابت بر چوق پاموق» ديمش. قادين «آيول! هيچ قار آدامى ايسيتيرمى؟» دينجه خواجه «ايصيتمايه‌جق اولسه هيچ بابالريمز، ددلريمز آلتنده يوموشاجق صيباجاجق ياتير، ميشيل ميشيل اويورلرمى؟» ديمش.

(**Latîfe**): Hoca merhûmun haremi hastalanır, her gün işinden avdetinde "O kadar üzülme! Korkulacak bir şey yok. İnşaallah bir müddet sonra savuşdırır" dediginde Hoca "Hanım! Ben meşgul bir adamım. Yarın kalkar, köylere giderim. Yâhûd başka bir işim olur. Şimdilik elim boş iken ağlayayım. Ne yapayım, belki sonra elim degmez. Zavallının benden başka da ağlayacak kimsesi yokdur" demiş.

Mezkûr marangozun birâderi topoğraf makinecisi Hasan Mahmud Efendi tarafından:

(**Latîfe**): Hoca'nın bir oğlu olmuş. Kadınlar "Efendi, gel adını koy!" demişler. Kulağına ezân okudukdan sınra "Ya Atike bin Nasreddîn" diye çağırmış. Bir kocakarı ileriden atılup "Aman efendi, hiç tuhaflığı bırakmazsın. Doğru doğru şu çocuğun adını koy!" der. Hoca "Koydum işte ya" deyüp kadın "Ayol! Çocuk erkek, erkek! Sana söyleyen olmadı mı" demekle Hoca "Bilirim. Erkege kadın ismi komakla erkekligi zâil olmaz. Doğrusu karımı severim. Şâyed ölecek olursa yâdigâr kalsın. Oğlumu çağırdıkca karımı hâtırlayayım diye ehlimin adını koydum" demişdir.

Şehzadebaşı'nda bir kariniz ünvânıyla evvelce bir taltîf nâme ile berâber hikâyeler irsâl buyuran zât-ı âlî tarafından:

﴿ لطيفه ﴾ خواجه مرحومك حرمى خسته‌لانير. هرگون ايشندن عودتنده باش اوجينه گچر، آغلارمش. خاطر صورمغه گلن قومشولردن بر قادين «افندى او قدر اوزولمه! قورقوله‌جق بر شيء يوق . ان شاء الله بر مدت صوگره صاوشدیرر» دیدیكنده خواجه «خانم! بن مشغول بر آدامم. يارين قالقار، كويلره گيدرم، ياخود بشقه بر ايشم اولور. شيمديلك الم بوش ايكن آغلايايم. نه ياپه‌يم، بلكه صوگره اليم دكمز. زواللينك بندن باشقه‌ده آغلايه‌جق كيمسه‌سى يوقدر» ديمش .

مذكور مارانغوزڭ قايين برادرى تيبوغراف ماكنه جيسى حسن محمود افندى طرفندن :

﴿ لطيفه ﴾ خواهنك بر اوغلى اولمش. قادينلر «افندى؛ گل آدينى قوى!» ديمشلر. قولاغينه اذان اوقوديقدن صوگره «يا عاتكة بن نصر الدين» دييه چاغيرمش. بر قوجه‌قارى ايلريدن آتيلوب «امان افندى؛ هيچ تخفلغى برياقمزسين. طوغرو طوغرو شو چوجوغك آدينى قوى!...» دير. خواجه «قويديم ايشته يا!» دييوب قادين «آيول ! چوجق اركك، اركك! سڭا سويله‌ين اولماديمى؟.» ديمكله خواجه «بيلير‌م. اركك قادين اسمى قوماقله اركككى زائل اولمز آ طوغروسى قاريمى سورم. شايد اوله‌جك اولورسه يادگار قالسين. اوغلمى چاغيرديقجه قاريمى خاطرلايه‌يم دييه اهليمك آدينى قويديم!» ديمشدر .

« شهزاده باشنده بر قارئكز » عنوانيله اوّلجه بر تلطيف نامه ايله برابر حكايه لر ارسال بويوران ذات عالى قدر طرفندن :

٦٣

(Latîfe): Azerbaycan avâmından bir İranlıya Farisî olarak bir mektûb gelmiş. Hoca'ya tesâdüf edüp "Şu mektûbu bana hem oku, hem anlat" demiş. Hoca eline alup da şikest ta'lîk ile Farisîü'l-ibâre olduğunu görünce "Sen bunu başkasına okut" deyüp i'âde etmek istemiş. Fakat İranlı ısrâr edince Hoca bi'l-mecbûriye "Benim Farisî ile o kadar başım hoş degil. Husûsâ onların bu yazılarıyla Türkçe bile yazılsa ben çıkaramam" deyince İranî hiddet edüp "Be adam! Farisî bilmezsin, okuma bilmezsin. O sûretde hocayım diye bulgur dibegi kadar kavuğunla, degirmen taşı gibi sarığınla kendini neye meydana atıyorsun" demekle Hoca da kızup heman kavuğu başından, binişi sırtından çıkararak önüne koyup "Eğer kavukla, binişle okunursa haydi sen giy de mektûbun iki satırını oku bakalım" demiştir.

(Latîfe): Hoca, Afyon Karahisarı'nda iken oraya bir İranî gelmiş. Sohbet esnasında İranî şehrin üzerindeki siyah kaya yığınını göstererek ne olduğunu sormağla Hoca derhâl "Bostan kuyusudur" demiş. İranî "Peki bu boyla sipsivri nice kuyu olubdur" deyince Hoca cevâben "İçini temizleyüp kurusın diye böyle içini dışına çevirmişler" demiştir.

(Latîfe): Timur-leng, Akşehir'e gelince ricâl-i belde ve ulemâyı meclisine da'vet eylemiş. Herkes fart-ı zulmünden titreyerek put gibi duruyorlarmış. İçlerinde bi't-tabi' Hoca da bulunuyormuş. Timur-leng def'-i vahşet için eşrâfla mükâlemeye başlar. Bunlara ikrâmen şerbet ısmarlar. Evvelâ Timur'a getirirler, içer. Memleketin sûbaşısı olan câhil bir herîf Timur'a "Afiyet olsun" demekligi kurar.

《 لطیفه 》 آذربایجان عوامندن بر ایرانلی یه فارسی اوله‌رق بر مکتوب گلمش. خواجه‌یه تصادف ایدوب «شو مکتوبی بگا هم اوقو، هم آگلات!» دیمش. خواجه الینه آلوب ده شکست تعلیق ایله فارسی العباره اولدیغنی گورنجه «سن بونی باشقه‌سینه اوقوت!» دییوب اعاده ایتمك ایسته‌مش. فقط ایرانلی اصرار ایدنجه خواجه بالمجبوریه «بنم فارسی ایله اوقدر باشم خوش دکیل. خصوصا اونلرگ بو یازیلریله تورکجه بیله یازیلسه بن چیقاره‌مم» دیینجه ایرانی حدت ایدب «به آدام! فارسی بیلمزسین، اوقومه بیلمزسین. او صورتده خواجه‌یم دییه بولغور دیبکی قدر قاووغگله، دگیرمن طاشی گبی صاریغگگله کندیگی نه یه میدانه آتیورسین!» دیمکله خواجه‌ده قیزوب همان قاووغی باشندن، بینیشی صیرتیندن چیقاره‌رق اوگینه قویوب «اکر قاووقله، بینیشله اوقونورسه هایدی سن گی ده مکتوبك ایکی سطرینی اوقو باقه‌لیم!» دیمشدر.

《 لطیفه 》 خواجه آفیون قره حصارینده ایکن اورایه بر ایرانی گلمش. صحبت اثناسنده ایرانی شهرگ اوزرینده‌کی سیاه قایا بیغینینی گوستره‌رك نه اولدیغنی صورمغله خواجه درحال «بوستان قویوسیدر!» دیمش. ایرانی «بسکه بو بویله سیپ سیوری نیجه قویو اولوبدر؟» دیینجه خواجه جوابا «ایچینی تمیزله‌یوب قوروسین دییه بویله ایچینی طیشینه چویرمشلر!» دیمشدر.

《 لطیفه 》 تیمورلنك أقشهره گلنجه رجال بلده وعلمایی مجلسینه دعوت ایله‌مش. هرکس فرط ظلمندن تیتره‌یه‌رك پوت گبی مبهوت طورویورلرمش. ایچلرینده بالطبع خواجه‌ده بولونیورمش. تیمورلنك دفع وحشت ایچون اشرافله مکالمه‌یه باشلار. بونلره اکراما شربت ایصمارلر. اولا تیموره گتیریلر؛ ایچر. مملکتك صوباشیسی اولان جاهل بر حریف تیموره «عافیت اولسون!» دیمكلكی قورار.

٦٥

Havf ve telâşla ağzından bir "Merhaba!.." fırlar. Timur, meclise ilk duhûlde söylenmesi lâzım gelen bir sözün böyle bî-vakt îrâdına mütehayyir olarak nazar-ı istifhâmla herîfin yüzine bakınca herîfin acz ve cehline merhamet ederek- ve belki ta'mîr edecegim diye daha büyük bir münâsebetsizlik eder havfıyla- Hoca imdâda yetişüp "Efendim! Bizim şehrin merhâbası ağız tadıyladır" demişdir.

(Latîfe): Akşehir'de birtakım ahibbâ tefrice gitmişler. ta'am edilüp orada bulunan havz-ı kebîrden herkes ellerini yıkayorlardı. Mahalle imâmı dahi elini yıkarken kazârâ ayağı kaydığı gibi havza baş aşağı yuvarlanmış. Etrâfdan yetişen herkes kenarda yarı beline kadar sarkup o kadar "Ver elini!.." diye haykırmışlarsa da kendi kendine çıkmağa çalışup bir türlü imdâdcılara elini vermezmiş, Hoca bu hâli görmekle "Çekilin oradan! Siz onun yolunu bilmezsiniz. Herîf boğulur, yine sizin emrinize ittibâ' etmez. Çünkü onlar asla vermege alışmamışlardır. Bakınız, ben nasıl kurtarırım!" deyüp cân havliyle kendini kenara atmağa çalışan imâmın olduğu hizadan sarkarak "Bekir Efendi! Al elimi!" deyince imâm heman "Aman birâder. Hay Allah râzı olsun" deyüp şarpadak Hoca'nın bileginden yakalamış, Hoca da sahil-i selâmete çekmiş, çıkarmış.

(Latîfe): Hoca bir gece mollâsı Amâd ile hânesine avdet ederken birkaç hırsızın bir hâne kilidini törpülediklerini görürler. Hoca men' edemeyecegini, belki kendisi de bir mühlikeye[48] dûçâr olacağını teyakkun[49] ederek sesini çıkarmaz mahalline bildirmek üzere çekilir, gider. Amâd, karanlıkda herîflerin kapu önünde toplanmalarından, içlerinden birinin varup gelerek "Hış hış hış" yapmasından

---

48 Mühlike: Helâk eden.
49 Teyakkun: Tam olarak anlama

خوف وتلاشله آغزیندن بر «مرحبا!..» فیرلار. تیمور مجلسه ایلك
دخولنده سویلنمهسی لازم گلن بر سوزك بویله بر وقت ایرادینه
متحیر اولهرق نظر استفهامله حریفك یوزینه باقنجه حریفك عجز
وجهلینه مرحمت ایدرك - وبلكه تعمیر ایدهجكم دییه داها بویوك
بر مناسبتسزلك ایدر خوفیله - خواجه امداده یتیشوب «افندم! بزم
شهرك مرحباسی آغیز طادیلهدر!» دیمشدر.

﴾ لطیفه ﴿ آقشهرده بر طاقم احبا تفرجه گیتمشلردی. طعام
ایدیلوب اوراده بولونان حوض کبیردن هرکس اللرینی ییقایورلردی.
محله امامی دخی الینی ییقارکن قضارا آیاغی قایدیغی گیبی حوضه
باش آشاغی یووارلانمش. اطرافدن یتیشهرك هرکس کنارده یاری
بلینه قدر صارقوب او قدر «ویر ألیگی!..» دییه هایقیرمشلرسه ده
کندی کندینه چیقمغه چالیشوب بر تورلو امدادجیلره النی ویرمزمش؛
خواجه بو حالی گورمکله «چکیلك اورادن! سز اونك یولینی
بیلمزسیگز. حریف بوغلور؛ بینه سزك امریگزه اتباع ایتمز. چونکه
اونلر اصلا ویرمکه آلیشمامشلردر. باقیگز؛ بن ناصل قورتاریرم!»
دییوب جان هولیله کندینی کناره آتمغه چالیشان امامك اولدیغی
حذدان صارقهرق «بکر افندی! آل الیمی!» دیینجه امام همان «آمان
برادر. های الله راضی اولسون» دییوب شارپهدق خواجهنك بیلکندن
یاقهلامش؛ خواجهده ساحل سلامته چکمش، چیقارمشدر.

﴾ لطیفه ﴿ خواجه بر گیجه، ملاسی عماد ایله خانهسینه عودت
ایدرکن برقاچ خیرسیزك بر خانه کلیدینی تورپولهدیکلرینی گورورلر.
خواجه منع ایدهمهیهجکینی، بلکه کندیسی ده بر مهلکهیه دوچار
اولهجغینی تیقن ایدرك سسینی چیقارمز، محلینه بیلدیرمك اوزره
چکیلیر، گیدر. عماد؛ قارانلقده حریفلرك قپو اوگنده طوپلانمهلرندن،
ایچلرندن برینك الی واروب گلهرك «خیش خیش خیش» یاپمهسندن

٦٧

bir şey anlamayup "Efendi! Bunlar ne yapıyorlar" dedi. Hoca ık-lık[50] çalıyorlar" dedi. Amâd "Sesi çıkmayordu ya" deyince Hoca "Onun sesi yarın çıkar" demişdir.

(Latîfe): Hoca merhûm zerzevâtcı dükkânının yanından geçerken herîf Hoca'ya borcını tesviye eylemesini ihtâr eyler. Hoca "Bak bakalım deftere! Ne kadar borcumız olmuş" deyüp herîfe ümîd vererek bir takrible yakayı kurtarmasını düşünür. Zerzevâtcı defteri karışdırıken Hoca da nazar eder. Bakarlar ki biri beş yazarak senelerden beri yüzlerce akçelik alış-veriş edilmiş ve mahsûbâtın sonunda Hoca'nın otuz bir akçe borcu birikmiş. Karşıki sahifede imâm efendinin de yirmi altı akçe borcu oldu-ğunu görmüş. Zerzevâtcıya demiş ki "Bak oğlum! Benim burada otuz bir akçe borcum olduğu görülüyor. İmâm efendinin de yirmi altı akçe borcu varmış. Bizim onunla aramızda teklifimiz yok. Biz onunla emiş-kamış olur yirmi altıyı sayışırız. Kaldı mı beş akçe! O beş akçeyi de bana verirsin şu iki Hoca'nın hesâbını da bu sûretle temizlemiş olursın" deyince iki hesabın birden şu sûretle temizlen-diğine herîf sevinüp iş bitmiş olmak için kemâl-i memnûniyetle üste beş akçe dahi verüp Hoca'yı handân handân[51] uğurlamışsa da kendi kendine kalınca derin bir düşünceye dalup bir türlü bu dolambac hesabın içinden çıkamamışdır.

(Latîfe): Hoca Nasreddîn Efendi, rahmetullahi aleyh, birgün Timur-leng'in huzûrına dâhil olup kemâl-i cesâretle Akşehir beldesi nâmına ba'zı mutâlebâtda bulunur. Hayli ağır ağır mutâlebat ve teklîflerinden çekinmez. Timur yek-pâre ateş kesilerek "Sen benim gibi büyük, mu'azzam,

---

50 Iklık: Türklerin yaylı çalgılara verdikleri genel bir ad.
51 Handân: Gülen, mutlu.

بر شى آكلايه‌مايوب «افندى! بونلر نه ياپييورلر!» ديدى. خواجه
«ايقليق چالييورلر!» ديدى. عماد «سسى چيقمايوردى يا؟» دينجه
خواجه «اونك سسى يارين چيقار!» ديمشدر.

﴿ لطيفه ﴾ خواجه مرحوم زرزواتجى دكانينك يانندن گچركن
حريف خواجه‌يه بورجينى تسويه ايله‌مه‌سينى اخطار ايلر. خواجه
«باق باقه‌ليم دفتره! نه قدر بورجمز اولمش؟» دييوب حريفه اميد
ويره‌رك بر تقريبله ياقه‌يى قورتارمه‌سينى دوشونور. زرزواتجى
دفترى قاريشديريركن خواجه‌ده نظر ايدر. بقارلركه برى بش يازه‌رق
سنه‌لردن برى يوزلرجه آقچه‌لق آليش ويرش ايديلمش ومحسوباتك
صوگنده خواجه‌نك اوتوز بر آقچه بورجى بيريكمش. قارشيكى
صحيفه‌ده امام افندينك‌ده يكرمى آلتى آقچه بورجى اولديغينى
گورمش. زرزواتجى يه ديمش كه «باق اوغلم! بنم بوراده اوتوز
بر آقچه بورجم اولديغى گوروليور. امام افندينك ده يكرمى آلتى
آقچه بورجى وارمش. بزم اونگله آره‌مزد تكليفمز يوق. بز اونگله
اميش قاميش اولور يكرمى آلتى يه صاييشيرز. قالديمى بش آقچه!
او بش آقچه‌يى ده بگا ويريرسين شو ايكى خواجه‌نك حسابنى ده
بو صورتله تميزله‌مش اولورسين» دينجه ايكى حساباك بردن شو
صورتله تميزلنديكنه حريف سوينوب ايش بيتمش اولمق ايچون
كمال ممنونيتله اوسته بش آقچه دخى ويروب خواجه‌يى خندان
خندان اوغورلامشسه ده كندى كندينه قالنجه درين بر دوشونجه‌يه
طالوب بر تورلو بو طولامباج حساباك ايچندن چيقه‌مامشدر.

﴿ لطيفه ﴾ خواجه نصر الدين افندى «رحمة الله عليه» برگون
تيمورلنگك حضورينه داخل اولوب كمال جسارتله آقشهر بلده‌سى
نامينه بعض مطالباته بولونور. خايلى آغير آغير مطالبات وتكليفاتدن
چكينمز. تيمور يكپاره آتش كسيله‌رك «سن بنم گبى بويوك، معظم،

٦٩

sâhibkırân bir sultân-ı cihân-mutâ'a karşı ne cesâretle böyle azîm mutâlebâtda bulunabılıyorsun" demekle Hoca "sen büyüksen biz küçügüz!.." demişdir.

(Latîfe): Timur-leng, Akşehir sûbaşısının servetini tahkik edüp virgüden bir hayli para ihtilâs eyledigini bahâne ederek emvâlini müsâdere[52] içün huzûrına celb eder. Herîfin ibrâz eyledigi alakurna kâğıdı üzerine yazılmış olan hesâbat defterini yırtup zor ile herîfe yutdırır. Ve nihâyet tasmîm eyledigi müsâdereyi ecr ederek herîfi cascavlak soyar. Füls-i ahmere[53] muhtâc bir hâle koyar. Hoca merhûmu çağırup istikametinden nâşî virgü tahsîline nezâretini emr eyler. Hoca'nın ta'allül ve i'tizârını dinlemez. Ay başında hulâsa defterini isteyüp Hoca'nın kül pidesine yazdığını görünce Timur zehr-hand[54] bir çehre ile "Hoca! Bu ne?" demekle Hoca "Efendim, nihâyetü'l-emr[55] ben yutacak degil miyim? Bendeniz selefim gibi iştihâlı adam degilim. İhtiyarım. Bunu ancak hazm edebilirim" demişdir.

(Latîfe): Timur-leng, Akşher'de iken ba'zı ümerâ-yı askeriyesi ile eşrâf-ı belde bir meclisde oturup konuşurlarmış. Mücâhidîn-i Osmaniyeden biri "Kosova Muhârebesi'nde şöyle toplar atıldı, böyle muhârebe edildi, düşman şu yolda ta'kib olundu, Bulgaristan böyle feth edildi, Nigbolu'da ehl-i salîb şöyle tepelendi" diye müessir ve mufâhhir-i Osmaniyeyi hikâye eylerlermiş. Timur ümerâsından biri şu celâdetlere imrenüp "Bizim de Ankara Muhârebesi'nde şu kadar fillerimiz vardı" Timur ordusunda top yokken "Şöyle cesîm toplarımız da vardı. Gümbür gümbür ortalığı velveleye verdi. Osmanlıları tirtir

---

52 Müsâdere: Bir kişinin servetine devlet adına el koyma.
53 Füls-i ahmer: Bakır sikke.
54 Zehr-hand: acı acı gülme.
55 Nihâyetü'l-emr: En sonunda.

صاحبقران بر سلطان جهان مطاعه قارشی نه جسارتله بویله عظیم مطالباتده بولونه‌بیلیورسین؟» دیمکله خواجه «سن بویوکسه‌ك‌ بزده كوچكز!...» دیمشدر!

﴿ لطیفه ﴾ تیمورلنك آقشهر صوباشیسنك ثروتینی تحقیق ایدوب ویرکودن بر خایلی پاره اختلاس ایله‌دیكینی بهانه ایدرك اموالینی مصادره ایچون حضورینه جلب ایدر. حریفك ابراز ایله‌دیكی (علی قورنا) كاغدی اوزرینه یازیلمش اولان حسابات دفترینی ییرتوب ییرتوب زور ایله حریفه یوتدیریر. ونهایت تصمیم ایله‌دیكی مصادره‌یی اجر ایدرك حریفی جاص جاولاق صویار. فلس احمره محتاج بر حاله قویار. خواجه مرحومی چاغیروب استقامتدن ناشی ویرگو تحصیلنه نظارتینی امر ایلر. خواجه‌نك تعلل واعتذارینی دیکله‌مز. آی باشنده خلاصه دفترینی ایتسه‌یوب خواجه‌نك كول پیده‌سینه یازدیغینی گورنجه تیمور زهرخند بر چهره‌ایله «خواجه! بونه؟» دیمکله خواجه «افندیم. نهایة الامر بن یوته‌جق دكلمی یم. بنده‌كز سلفم گبی دیو اشتهالی آدام دكیلم. اختیارم. بونی آنجق هضم ایده‌بیلیرم!» دیمشدر.

﴿لطیفه﴾ تیمورلنك آقشهرده ایكن بعض امرای عسكریه‌سی ایله اشراف بلده بر مجلسده اوتوروب قونوشورلرمش. مجاهدین عثمانیه‌دن بری «قوصاوه محاربه‌سنده شویله طوپلر آتیلدی، بویله محاربه ایدیلدی، دشمن شو یولده تعقیب اولوندی، بولغارستان بویله فتح ایدیلدی، نیكبلیده اهل صلیب شویله تپه‌لندی»دییه مأثر ومفاخر عثمانیه‌یی حكایه ایلرلرمش. تیمور امراسندن بری شو جلادتلره ایمره‌نوب «بزم ده انقره محاربه‌سندن شو قدر فیللریمز واردی» تیمور اوردوسنده طوپ یوقكن «شویله جسیم طوپلریمزده واردی. غومبور غومبور اورته‌لغی ولوله‌یه ویردی. عثمانلیلری تیر

٧١

titretdi" derken hâzır-ı bi'l-meclis olan bir çocuk kazârâ seslice bir zarta salıverdi. Hikâyeye devâm eden zât birden bire şaşalayarak "O ne?.." deyince yalan dinlemekden boğulma derecesine gelen Hoca bundan bi'l-istifâde "Kusûra bakmayın efendim! Topların gümbürtisinden zavallı ma'sûm korkdu da onunçün..." dedi.

(Latîfe): İlkbaharda asker ok ta'limine çıkacakları cihetle Timur, Hoca'yı da ma'iyyetine alup götürür. Sohbet esnasında Hoca merhûm bir aralık kendisinin ok meşk etdigini söyler. Timur öyle ise kendisi de bir ok atmasını irâde eder. Hoca i'tizâr eylerse de cebr eylemekle nâ-çâr bir ok gezleyüp hedefe atar. Ok isâbet etmeyince Hoca heman "İşte sekbanbaşı böyle atar" der. Bir ok daha verirler. O da başka bir tarafa gider. "Bizim sûbaşı da böyle atar" der. Bi't-tesâdüf üçüncü tam hedefe isâbet edince Hoca kemâl-i gurûrla "İşte Hoca Nasreddîn de bunu böyle atar!.." deyüp mazhar-ı âferîn olmuşdur.

(Latîfe): Timur-leng yüksek bir memûriyetle ma'iyyetinde istihdâm eylemek üzere Osmanlı Türklerinden cesur bir adam ister. Cesur adam bulunsa bile Timur ma'iyyetinde bulunmak dahi ayrıca bir cesâret, ta'bîr-i âharla "görünür kaza" olmağla kimse her vakt (cânkurtaran) vazîfesini gören zavallı Hoca'ya mürâca'at ederler. "Aman Efendi! Timur şu memleketde hakiki olarak yalnız seni sever. Sen de onun pundını ögrenmişsin. Her vechile idâre edebilirsin. Ricâ ederiz, zâten muvakkat bir müddet için şu vazîfeyi sen der-uhde et! Bakalım ileride çâresini düşünürüz" gibi bin

تیر تیترتدی» دیرکن حاضر بالمجلس اولان بر چوجوق قضارا سسلیجه بر ضرطه صالیوریر حکایه‌یه دوام ایدن ذات بردن بره شاشالایه‌رق «او نه؟..» دینجه یالان دیکله‌مکدن بوغولمه درجه‌سینه گلن حواجه بوندن بالاستفاده «قصوره باقمه‌یك افندیم! طوپلرك غومبورتیسندن زواللی معصوم قورقدی ده اونكچون ...»

﴿ **لطیفه** ﴾ ایلك بهارده عسكر اوق تعلیمنه چیقه‌جقلری جهتله تیمور خواجه‌یی ده معیتینه آلوب گوتورور. صحبت اثناسنده خواجه مرحوم بر آره‌لق کندیسنك اوق مشق ایتدیکینی سویلر. تیمور اویله ایسه کندیسی ده بر اوق آتمه‌سینی اراده ایدر. خواجه اعتذار ایلرسه‌ده جبر ایله‌مکله ناچار یایه بر اوق کَزْلَه‌یوب هدفه آتار. اوق اصابت ایتمه‌ینجه خواجه همان «ایشته سکبان باشی بویله آتار!» دیر. بر اوق دها ویریرلر. او ده باشقه بر طرفه گیدر. «بزم صو باشی ده بویله آتار!» دیر. بالتصادف اوچنجی تام هدفه اصابت ایدنجه خواجه کمال غروروله «ایشته خواجه نصر الدین ده بونی بویله آتار!..» دییوب مظهر آفرین اولمشدر.

﴿ **لطیفه** ﴾ تیمورلنك یوکسك بر مأموریتله معیتنده استخدام ایله‌مك اوزره عثمانلی تورکلرندن جسور بر آدم ایستر. جسور آدم بولونسه بیله تیمور معیتنده بولونمق دخی آیریجه بر جسارت، تعبیر آخرله «گورونور قضا» اولمغله کیمسه جسارت ایده‌مز. مع مافیه «کیمسه یوقدر!» دیمك ده هیچ بر وجهله قابل اوله‌مز. هر وقت (جان قورتاران) وظیفه‌سینی گورن زواللی خواجه‌یه مراجعت ایدرلر. «آمان افندم! تیمور شو مملکتده حقیقی اوله‌رق یالكز سنی سور. سن ده اونك پوندینی اوکره‌نمشسین. هر وجهله اداره ایده‌بیلیرسین. رجا ایدرز؛ ذاتا موقت بر مدت ایچون شو وظیفه‌یی سن درعهده ایت! باقه‌لیم؛ ایلریده چاره‌سینی دوشونورز!» گبی بیك

۷۳

dereden su getirerek saf ve rakiku'l-kalb, aynı zamânda gayet hamiyyet-i vataniyeyi hâiz olan Efendi merhûmu kandırırlar. Söz verirler. Timur'a arz ederler. Timur, Hoca'nın kuvvet-i kalbini zâten bilüp onun levâzımından olan kuvvet-i cismâniyeyi de memûl eyledigi cihetle pek münâsib görür. Ancak sûretâ bir tecrübe yapılmasını da emr eyler. Şu sûretle bir tecrübe yaparlar. Hoca'yı bir meydanlıkda huzûr-ı Timur'da dimdik durdururlar. Emr eder, nişancılarından biri bacakları arasından geçmek üzere bir ok atar. Hoca korkarsa da bi'z-zarûre sesini çıkarmaz. Zavallı bildigi i'tisam du'âlarını okumağa başlar. Bu sırada bir başkasına da emr edüp Hoca geniş kollu binişi olduğu hâlde kollarını dümdüz gerer sol kolunun altından binişini delmek sûretiyle bir ok daha atarlar. Zavallı Hoca acîb hâller geçirir. Sonra bir de kavuğunun dügmesini delüp geçmek üzere bir ok daha atılmasını emr edince Hoca'ya artık bir fenâlık gelüp kendini bilmeden kazık gibi katılır kalır. Hele nişancının fert-i mahâretiyle bu ameleyi de kazasız geçer. Hitâm-ı tecrübe tebşîr edilince Hoca da kendine gelir. Yorgunlığını bildirmeyerek gülümsemeye başlar. Pâdişâh, Hoca'nın bu sebât ve cesâretine hezârân tahsîn ve âferin okuyup münâsib atıyye ile taltîf eyledikden başka binişinin, kavuğunun delindigi arz olunmakla yenisi verilmesini emr eder. Hoca bu inâyete de ayrıca teşekkürden sonra "Aman efendim! Fermân buyurdınız da bir de çakşır[56] verilsin. Takım tekmîl olsun" der. Timur "Hoca Efendi! Çakşınıza bizim tarafımızdan bir ziyân îrâs edilmedigini söylediler. mu'âyene etmişler, bir şey görememişler" demekle Hoca demiş ki: "Efendim haklısınız. Sizin tarafınızdan ver ziyân olmadı. Fakat benim tarafımdan hayli ziyân ve zayâ'a uğradı. Ele alacak yeri

---

[56] Çakşır: Uzun şalvar.

درەدن صو گتیرەرڭ صاف ورقیق القلب، عین زمانده غایت حمیت وطنیهیی حائز اولان افندی مرحومی قاندیریرلر. سوز ویریر. تیموره عرض ایدرلر. تیمور خواجهنڭ قوت قلبینی ذاتا بیلوب اونڭ لوازمندن اولان قوت جسمانی یی ده مأمول ایلهدیكی جهتله پك مناسب گورور. آنجاق صورتا بر تجربه یاپیلمهسینی ده امر ایلر. شو صورتله بر تجربه یاپارلر. خواجهیی بر میدانلقده حضور تیمورده دیم دیك طوردورورلر. امر ایدر؛ نشانجیلردن بری باجقلری آرهسندن گچمك اوزره بر اوق آتار. خواجه قورقارسهده سسینی چیقارمز. زواللی بیلدیكی اعتصام دعالرینی اوقومغه باشلار. بو صیرهده بر باشقهسینهده امر ایدوب خواجه گنیش قوللی بینیشی اولدیغی حالده قوللرینی دوم دوز گرر. صول قولینك آلتیندن بینیشنی دلمك صورتیله بر اوق دها آتارلر. زواللی خواجه عجیب حاللر گچیریر. صوگره برده قاووغینك دوكمهسینی دلوب گچمك اوزره بر اوق دها آتیلمهسینی امر ایدنجه خواجهیه آرتیق بر فنالق گلوب كندینی بیلمهدن قازیق گیبی قاتیلیر قالیر. هله نشانجینك فرط مهارتیله بو عملیهده قضاسز گچر. ختام تجربه تبشیر ایدیلنجه خواجهده كندینه گلیر. یورغونلغینی بیلدیرمهیهرك گولومسهمهیه باشلار. پادشاه خواجهنڭ بو ثبات وجسارتینه هزاران تحسین وآفرین اوقویوب مناسب عطیه ایله تلطیف ایلهدیكدن باشقه بینیشینڭ، قاووغینك دلیندیكی عرض اولونمقله یكیسی ویریلمهسینی امر ایدر. خواجه بو عنایتهده آیریجه تشکردن صوگره «آمان افندیم! فرمان بویوریكڭزده برده چاقشیر ویرلسون. طاقیم تکمیل اولسون!» دیر. تیمور «خواجه افندی! چاقشیریكڭزه بزم طرفیمزدن بر زیان ایراث ایدیلمهدیكینی سویلهدیلر. معاینه ایتمشلر؛ برشی گورهمهمشلر» دیمكله خواجه دیمش كه: «افندیم حقلیسیڭز. سزڭ طرفكڭزدن بر زیان اولمهدی. فقط بنم طرفمدن خیلی زیان وضیاعه اوغرادی. اله آلهجق یری

٧٥

kalmadı. Onlar zâhirine bakup bir şey görememişlerse de bendeniz derûnına bakmadan bilüp duruyorum ki her hâlde berbâd ve melûs bir hâle geldi.

(Latîfe): Akşehir'de Hoca'nın sipahilerinden meslegine âşık yigit bir komşusu var imiş. Akşamları hâneye gelince ale'l-ekser alt katda bir na'ra atar, orta katda bir na'ra, üst katda, daimâ oturduğı odada üçüncü na'rayı atarmış. Bu hâlin muattariden tekerrürü Hoca'nın nazar-ı dikkatini celb edüp sipahi ağasından istîzâh-ı keyfiyet eylemiş "O kadar merâk etdinse düş arkama!" deyüp evvel Hoca'yı doğru ahıra götürür. Orada güneş yüzlü tûvâne bir küheylan gösterir. O kadar güzel, o kadar latîf ki ta'rîf olunamaz. "İşte Nigbolu melhame-i kübrâsında[57] ben atla Akşehir sipahilerinin önüne düşüp çevirme hareketi yaparak ehl-i salîbin[58] inhizâmına sebeb oldım" der, na'rayı fırlatır. Hoca hak verir. Sonra birinci kata çıkarlar. Sofada bir esliha arması gösterir. Hâriku'l-âde kıymetdâr eslihadan müteşekkil. "İşte bu silahlardan birtakımı ecdâdımın Türkistan'dan getirerek Rumili fütûhâtında, Edirne civârında Sırbsığındı'da, Bulgaristan fethinde, Kosava melhame-i kübrâsında kullanıldığı silahla olduğu gibi birtakımları da Kosava'da Sırbların ta'kibinde Nigbolu'da bizzat kullandığım silahlar ile ehl-i salîb cengâverlerinden iğtinâm[59] eylediğim silahlardan müteşekkildir. İlelebed ahfâdıma yâdigârdır. Benim için dünyânın en kıymetdâr emvâlinden daha degerlidir" der. Sürûrundan bir na'ra da orada atar. Hoca kemâl-i takdîr ile dinler. Sonra üst kata çıkarlar. Familyasına[60] süslenüp başını örterek gelir. Hoca'nın elini öpmesini emr eder. Hoca bakar ki ay çehreli, nûr parçası

---

57 Melhame: Savaş.
58 Ehl-i Salîb: Haçlılar.
59 İğtinâm: Ganimet.
60 Familya: Aile, eş.

قالمادی. اونلر ظاهرینه باقوب بر شی گوره‌مه‌مشلرسه‌ده بنده‌گز درونینه باقمه‌دن بیلوب طورییورم که هر حالده برباد وملوث بر حاله گلدی».

❮ **لطیفه** ❯ اقشهرده خواجه‌نك سپاهیلردن مسلکنه عاشق ییكیت بر قومشوسی وار ایمش. آقشاملری خانه‌یه گلنجه علی الاكثر آلت قانده بر نعره آتار، اورته قاتده بر نعره آتار، اوست قاتده دائما اوتوردیغی اوطه‌ده اوچنجی نعره‌یه آتارمش. بو حالك مطّرداً تكرری خواجه‌نك نظر دقتینی جلب ایدوب سپاهی آغاسندن استیضاح كیفیت ایله‌مش «او قدر مراق ایتدیگنسه دوش آرقه‌مه!» دیوب اول خواجه‌یی طوغرو آخیره گوتورور. اوراده گونش یوزلی توانا بر كحیلان گوستریر. او قدر گوزل؛ او قدر لطیف كه تعریف اولونه‌مز «ایشته نیكبولی ملحمهٔ كبراسنده بن بو آتله آقشهر سپاهیلرینك اوگینه دوشوب چویرمه حركتی یاپه‌رق اهل صلیبك انهزامینه سبب اولدیم» دیر. نعره‌یی فیرلاتیر. خواجه حق ویریر. صوگره برنجی قاته چیقارلر. صوفه‌ده بر اسلحه آرمه‌سی گوستریر. خارق العاده قیمتدار اسلحه‌دن متشكل. «ایشته بو سلاحلردن بر طاقیمی اجدادیمك توركستاندن گتیره‌رك روم ایلی فتوحاتنده ادرنه جوارنده صیرب صیندیغنده، بلغارستان فتحنده، قوصاوه ملحمهٔ كبراسنده قوللاندیغی سلاحلر اولدیغی گیبی بر طاقیملری ده قوصاواده صیربیلرك تعقیبنده نیكبولیده بالذات قوللاندیغم سلاحلر ایله اهل صلیب جنگاورلرندن اغتنام ایله‌دیكم سلاحلردن متشكلدر. الی الابد احفادیمه یادگاردر. بنم ایچون دنیانك اك قیمتدار اموالندن دها دكرلیدر» دیر، سرورندن بر نعره‌ده اوراده آتار. خواجه كمال تقدیر ایله دیگلر. صوگره اوست قاته چیقارلر. فامپلیاسینه سلسله‌نوب باشینی اورته‌رك گلیر. خواجه‌نك الینی اوپمه‌سینی امر ایدر. خواجه باقارکه آی چهره‌لی ، نور پارچه‌سی

٧٧

gibi bir âfet-i devrân. "Bu kadın Yıldırım Bâyezîd hatunlarından Mariçe nâmındaki Sırb prensinin akrabâsındandır. Ben askerimle Mariçe Hatun'u pâdişâhımız Yıldırım'a getirirken onun refâkatinde idi. Beni görmüş, begenmiş. Meydan-ı celâdetdeki kahramanlığımı işitmiş, bana şiddetle meyl etmiş. Aylarca ağlayup kimseye derdini açamamış. Nihâyet Mariçe Hatun duymuş. Arada oldu, nikâh etdim. İlmî, fazîleti, dirâyeti, terbiyesi hüsnünden kat kat efzûndur" deyüp orada da aşkla derûn-ı dilden bir na'ra atınca Hoca merhûm kendisini tutamayup "Her üçünde de yerden göge kadar hakkın var imiş evlâd! Ricâ ederim ba'de-zîn bir na'ra da benim içün at!!." demişdir.

(**Latîfe**): Akşehir'e bir İranî gelmiş. İsfahan'da şâhın yüz, yüz elli odalı şu kadar bin arşun merba'ında müte'addid sarâylar olduğunu kemâl-i mübâlağa ile tavsîf eylermiş. Hoca da buna Fârisî "Bizim pâyıtahtımız olan Bursa'da böyle nice sarâylar var. Hatta yeni yapılan kaplıcanın boyu beş bin arşın..." derken başka bir İranlı meclise dâhil olup henüz Bursa'dan gelmekde olduğunu söylemesiyle Hoca eski hızında devam edemeyüp "... eni de elli arşındır!.." der. İranî "Pes ki bu nice olupdur ki eni hergiz boyuna uygun düşmedi!" Hoca "Ben onun enini boyuna uyduracakdım amma pek aksi bir zamânda şu Acem baba meclisimize kadem basdı" demişdir.

(**Latîfe**): Nasreddîn Hoca li-maslahatin[61] Bursa'ya gelir. Çarşıda bir çuha şalvarı on beş akçeye pazarlık eder. Sardırır. Parasını verüp alup gidecegi sırada kendi şalvarının pek eski olmadığını onun yerine hafîf bir cübbe alması daha münâsib olacağını düşünür. Dükkâncıya "Şalvar alacak idim amma

---

[61] Li-maslahatin: İş icabı.

گیبی بر آفت دوران. «بو قادین ییلدیریك بایزیدك خاتونلردن ماریچه نامنده‌كی صیرپ پیرنسینك اقرباسندندر. بن عسكرمله ماریچه خاتونی پادشاهمز ییلدیریمه گتیریركن اونك رفاقتنده ایدی. بنی گورمش، بكنمش. میدان جلادتده‌كی قهرمانلغیمی ایشیتمش. بكا شدتله میل ایتمش. آیلرجه آغلایوب كیمسه‌یه دردینی آچه‌مامش. نهایت ماریچه خاتون طویمش. اراده اولدی. نكاح ایتدیم. علمی، فضیلتی، درایتی، تربیه‌سی حسنندن قات قات افزوندر.» دییوب اوراده‌ده عشقله درون دلدن بر نعره آتنجه خواجه مرحوم كندینی طوته‌مایوب «هر اوچنده‌ده یردن كوكه قدر حقك وار ایمش اولاد! رجا ایدرم بعدزین بر نعره‌ده بنم ایچون آت !!..» دیمشدر.

﴾ لطیفه ﴿ آقشهره بر ایرانی كلمش. اصفهانده شاهك یوز، یوز اللی اوطه‌لی شو قدر بیك آرشون مربعنده متعدد سرایلری اولدیغنی كمال مبالغه ایله توصیف ایلرمش. خواجه‌ده بوكا قارشی «بزم پایتختمز اولان بورسه‌ده بویله نیجه سرایلر وار. حتی یكی یاپیلان قابلیجه‌نك بویی بش بیك آرشین...» دیركن باشقه بر ایرانلی مجلسه داخل اولوب هنوز بورسه‌دن كلمكده اولدیغنی سویله‌مه‌سیله خواجه اسكی حیزنده دوام ایده‌میوب «...... اینی ده اللی آرشیندر !...» دیر ایرانی «پس كه بو نیجه اولوبدركه اینی هرگز بویینه اویغون دوشمه‌دی !» خواجه «بن اونك ایننی بویینه اویدیره‌جقدیم امّا پك عكسی بر زمانده شو عجم بابا مجلسمزه قدم باصدی !» دیمشدر.

﴾ لطیفه ﴿ نصر الدین خواجه لمصلحة بورسه‌یه گلیر. چارشیده بر چوخه شالواری اون بش آقچه‌یه پازارلق ایدر. صاردیریر. پاره‌سینی ویروب آلوب گیده‌جكی صره‌ده كندی شالوارینك پك اسكی اولمه‌دیغینی اونك یرینه خفیف بر جوبه آلمه‌سی دها مناسب اوله‌جغینی دوشونور. دكانجی یه «شالوار اله‌جق ایدیم امّا

٧٩

vazgeçdim. Onun yerine bana on beş akçelik bir cübbe ver!" der. Dükkâncı "Pekala" deyüp Hoca'ya göre bir cübbe çıkarır, verir. Hoca alup giderken dükkâncı "Hoca Efendi! Para vermedin!" der. Hoca "Acâyib! Onun yerine şalvarı bırakdım a" deyüp dükkâncı "Cânım efendim! Şalvara para vermedin idi ki!.." deyince Hoca azîm bir eser-i hayret gösterüp "Fesübhânallah!.. bu Bursalılar ne tuhaf adamlardır. Şalvarı almadım ki para vereyim!" demişdir.

(Latîfe): Hoca Nasreddîn Efendi Akşehir Gölü'nde yıkanmak için soyundığı sırada cebinden küçük bir (dil mecmû'a= cönk) düşmüş. Yanındakiler merak edüp içini karışdırmışlar. Gasl-i emvât, telkin, ıskat gibi ba'zı mu'âmelâtın sûret-i icrâsı mestûr imiş. Hoca giyindikden sonra bu mecm'u'ayı ne yapdığını sormalarıyla "Ha şunu bilemeye ediniz. Bi't-tabi' bunlar gönül eğlendirmek için okunmaz!.." demişdir.

(Latîfe): Nasreddîn Hoca misâfir olduğu köyün ağası "Hoca! Pâdişâh mı büyük yoksa çiftçi mi?" demekle Hoca demiş ki "Elbette çiftçi büyük! Çiftçi buğday vermese pâdişâh açından ölür!.."

(Latîfe): Hoca'ya "Adam olmanın yolu nedir" demişler. "Bilenler söylerken cân kulağıyla dinlemeli. Dinleyen olursa söyledigi sözü yine insânın kendi kulağı işitmeli" demiş.

(Latîfe): Hoca'ya "Hakk nerededir?" demişler. "Hakk'ın mevcûd olmadığı bir yer mi var ki mekân ta'yinine lüzûm görelim" demiş.

وازکچدم. اونك يرينه بگا اون بش آقچەلق بر جوببه وير!» دير.
دكانجى «پك اعلا !» دييوب خواجەيه گوره بر جوببه چيقارير،
ويرير. خواجه آلوب گيدركن دكانجى «خواجه افندى ! پاره
ويرمەديك !» دير. خواجه «عجايب! اونك يرينه شالوارى بيراقديم
آ» دييوب دكانجى «جانم افندم ! شالواره پاره ويرمەديك ايدى
كه!...» دينجه خواجه عظيم بر اثر حيرت گوستروب «فسبحان
الله !.. بو بورسەللر نه تخف آدملردر. شالوارى آالمەديم كه پاره
ويرەيم!» ديمشدر.

﴿ لطيفه ﴾ خواجه نصر الدين افندى آقشهر گولنده ييقانمق
ايچون صويونديغى صيرەده جيبندن كوچوك بر (ديل مجموعه =
جونك) دوشمش. يانندەكيلر مراق ايدوب ايچنى قاريشديرمشلر.
غسل اموات، تلقين، اسقاط گيبى بعض معاملاتك صورت
اجراسى مسطور ايمش. خواجه گيبندكدن صوكره بو مجموعەيى
نه ياپديغينى صورمەلريله «ها شونى بيلەمەيه ايديكز. بالطبع بونلر
گوكل اكلنديرمك ايچون اوقونمز آ !..» ديمشدر.

﴿ لطيفه ﴾ نصر الدين خواجەنك مسافر اولديغى كويك آغاسى
«خواجه ! پادشاهمى بويوك يوقسه چفتجيمى؟» ديمكله خواجه
ديمش كه : البته چفتجى بويوك! چفتجى بوغداى ويرمەسه پادشاه
آجيندن اولور!...

﴿ لطيفه ﴾ خواجەيه «آدام اولمەنك يولى نەدر ؟» ديمشلر.
«بيلنلر سويلركن جان قولاغيله ديگلەمەلى. ديگلەين اولورسه
سويلەديكى سوزى يينه انسانك كندى قولاغى ايشيتمەلى»
ديمش.

﴿ لطيفه ﴾ خواجەيه «حق نرەدەدر» ديمشلر. «حقك موجود
اولمديغى بر يرمى واركه مكان تعيينه لزوم گورەليم» ديمش.

(Latîfe): Hoca birgün demiş ki "İlm-i tabın hulâsatü'l-hulâsası şudur: Ayağını sıcak tut, başını serin, yemegine dikkat et, düşünme derin".

(Latîfe): Güçlü, kuvvetli arsız bir herîf var idi ki hicâb-ı nâmûs ve hayayı çak ve sinesini her nevi' fezâ'il-i ahlâk nukuşundan pak edüp kat'iyen kesb ve kâr cihetine iltifât etmez ve girdigi hâneden bir şey almaksızın gitmezdi. Halkın kimisinden elbise, kimisinden tu'me[62] ister, şâyed koğar, dökerlerse kat'iyen müteessir olmayup hatta biraz müddet sonra yine ayn kimselere mürâca'at eylerdi. Kerrât ve merrâtla zavallı Hoca'yı da ta'cîz eylemişdi. Yine birgün Hoca hânesinde otururken bî-vakt gelüp kapuyu çaldı. Haremi inüp "Sen kimsin" diye suâl eylemekle "Efendiyi göreceğim" diye cevâb verdi. Hoca dahi inüp sesinden bu herîf olduğunu anlamakla kapu arkasında yavaşça zevcesinden ta'am sorup unfle[63] cevab-ı red almağla arsız herîfe hitâben "Ne istiyorsun" dedi. "Tanrı misâfiriyim" deyince Hoca heman "Gel arkam sıra" deyüp câmi'-i şerîf kapusına götürdü. Ve dedi ki "Ayol! Sen yanlış gelmişsin! İşte Tanrı'nın evi burasıdır".

(Latîfe): Hoca merhûm talebe iken şühûr-ı selase münâsebetiyle civâr köylere cerre çıkar. Herhangi köye vardıysa i'tizâ edüp "Safa geldin Hoca Efendi! Amma bizim Ramazân imâmımız var" deyüp kabul etmezler. Böyle beş altı köyü dolaşır. Nihâyet köyün birine gelir. Meger o köye bir tilki ârız olmuş. Köyde tavuk, hindi bırakmamış. Herîflerin çarıklarını, pabuclarını aşırırmış. Hâsılı akla gelmez hasârât yapmış. En-nihâye tuzak kurup hezârân

---

[62] Tume: Yiyecek.
[63] Unf: Sert bir şekilde.

﴿ **لطيفه** ﴾ خواجه برگون ديمش كه علم طبك خلاصة الخلاصه‌سى شودر: آياغيڭى صيجاق طوت؛ باشيڭى سرين. يمكيڭه دقت ايت؛ دوشونمه درين.

﴿ **لطيفه** ﴾ كوچلى قوتلى عارسز بر حريف وار ايدى كه حجاب ناموس وحيايى چاك وسينه‌سينى هر نوع فضائل اخلاق نقوشندن پاك ايدوب قطعياً كسب وكار جهتينه التفات ايتمز وگيرديكى خانه‌دن بر شى آلمقسزين گيتمزدى. خلقك كيميسندن البسه، كيميسندن اطعمه ايستر، شايد قوغار، دوكرلرسه قطعياً متأثر اولمايوب حتى برآز مدت صوڭره يينه عين كيمسه‌لره مراجعت ايلردى. كرّات ومرّاتله زواللى خواجه‌يى ده تعجيز ايله‌مشدى. يينه برگون خواجه خانه‌سنده اوتورورکن بى وقت گلوب قاپويى چالدى. حرمى اينوب «سن كيمسين؟» ديه سؤال ايله‌مكله «افندى يى گوره‌جكم» دييه جواب ويردى. خواجه دخى اينوب سسندن بو حريف اولديغينى آڭلامقله قاپو آرقه‌سنده ياواشجه زوجه‌سندن طعام صوروب عنفله جواب رد آلمغله عارسز حريفه خطابله «نه ايسته‌يورسين!» ديدى. «تاڭرى مسافرى يم» دينجه خواجه همان «كل آرقه‌م صيره!» دييوب طوغرى جامع شريف قاپوسينه گوتوردى. وديدى كه : آيول ! سن ياڭلش گلمشسين! ايشته تاڭرينك أوى بوراسيدر.

﴿ **لطيفه** ﴾ خواجه مرحوم طلبه ايكن شهور ثلثه مناسبتيله جوار كويلره جره‌چيقار. هر هانكى كويه واردسه اعتذار ايدوب «صفا گلديك خواجه افندى! امّا بزم رمضان اماميمز وار» دييوب قبول ايتمزلر. بويله بش آلتى كوى طولاشير. نهايت كويك برينه گلير. مكر او كويه بر تيلكى عارض اولمش. كويده طاووق هندى بيراقمامش. حريفلرك چاريقلرينى، پابوجلرينى آشيريرمش. حاصلى عقله گلمز خسارات ياپمش. النهايه طوزاق قوروب قورب هزاران

٨٣

meşakkâtle yakalamışlar. O gün köylü toplanup ne biçim bir azâbla telef eylemek içün müşâvere ederlermiş. Hoca yanlarına gelüp meseleyi suâl ederek köylüler "Aman Hoca Efendi! Bu mel'ûn bir köy halkına yapmadık ziyân bırakmadı. Çok şükr ele geçirdik. Şimdi nasıl bir dehşetli azâb ederek intikam alalım diye müşâvere ediyoruz" demeleriyle Hoca heman "Siz çekilin hele bakayım. Onu bana bırakınız" demekle köylü "Bu adam görgülü bir kimsedir. Elbette bizden çok ziyâde ma'lûmâtı vardır" diyerek karşıdan temâşâya başladılar. Hoca heman sırtından cübbeyi, belinden kuşağı çıkarup tilkiye giydirir. Belinden sımsıkı bağlar. Kavuğunu da başına giydürüp üzerine muhkemce sarığı sarar. Kapar koyuverir. Köylüler "Bre aman Hoca ne yapdın?.." diye hiddetle Hoca'ya haykırup tilkiyi tekrâr elegeçirmege koşmak isteyince Hoca önlerine geçüp men' ederek demiş ki: "Beni dinleyin köylü dayılar! Ben ona şimdi öyle bir iş yapdım ki kırk köse bir araya gelse bu kadar korkunç bir işkenceyi hayâllerine bile getiremezlerdi. Şimdi o, bu kisve ile hangi köye gitse unf ile def' edilir, hiçbir tarafdan ni'met kabûle mazhar olamaz".

(M-Nihad) Beg ikinci def'a göndermişdir:

(Latîfe): Hoca merhûm çocukluğunda memleketi olan Sivrihisar'dan Akşehir'e geldiginde minârede müezzinin ezân okuduğını görmekle aşağıdan bağırarak demiş ki: "Ne yapayım a babam! Pek dalsız budaksız bir ağaca çıkmışsın. Ben sana nasıl imdâd edebilirim".

(Latîfe): Yine Hoca'nın gençliginde iddiâcı bir çocuk "Kimse beni inândıramaz" diye iddiâ eder, dururmuş. Birkaç kere bu

مشكلاتله ياقەلامشلر. اوگون كويلى طوپلانوب نەبيچيم بر غذابله تلف ايلەمك ايچون مشاوره ايدرلرمش. خواجه يانلرينه گلوب مسئلەيى سؤال ايدرك كويلير «آمان خواجه افندى! بو ملعون بر كوى خلقينه ياپمەديق زيان بيراقمەدى. چوق شكر اله كچيرديك. شيمدى ناصل بر دهشتلى عذاب ايدرك انتقام آلەليم دييه مشاوره ايدييورز» ديمەلريله خواجه همان «سز چكيلك هله باقەيم. اونى بكا بيراقيكز» ديمكله كويلى «بو آدم گورگولى بر كيمسەدر. البته بزدن چوق زياده معلوماتى واردر» دييەرك قارشيدن تماشايه باشلارلر. خواجه همان صيرتيندن جبەيى، بلندن قوشاغى چيقاروب تيلكى يه كيدىرير. بلندن صيم صيقى باغلار. قاووغينى ده باشينه كيديروب اوزرينه محكمجه صاريغى صارار. قاپار قويى ويرير. كويلير «برە آمان خواجه نه ياپدىك ؟» دييه حدّتله خواجەيه هايقيروب تيلكى يى تكرار اله كچيرمكه قوشمق ايستەينجه خواجه اوگلرينه گچوب منع ايدرك ديمش كه : بنى ديگلەيك كويلى داييلر! بن اوكا شيمدى اويله بر ايش ياپدىم كه قرق كوسه بر آرايه كلسه بوقدر قورقونج بر اشكنجەيى خياللرينه بيله گتيرەمزلردى. شيمدى او؛ بو كسوه ايله هانكى كويه گيتسه عنف ايله دفع ايديلير، هيچ بر طرفدن نعمت قبوله مظهر اولەمز.

(م - نهاد) بك ايكنجى دفعه كوندرمشدر :

❰ لطيفه ❱ خواجه مرحوم چوجقلغنده مملكتى اولان سيورى حصاردن آقشهره كلديكنده منارەده مؤذنك اذان اوقوديغينى گورمكله آشاغيدن باغيرەرق ديمش كه : نه ياپايم آ بابام ! پك دالسز بوداقسز بر آغاجه چيقمشسين. بن سكا ناصل امداد ايدەبيليرم.

❰ لطيفه ❱ بينه خواجەنك كنچلكنده ادعاجى بر چوجوق «كيمسه بنى ايناندىرەمز !» دييه ادعا ايدر، طورورمش. برقاچ كره بو

٨٥

da'vâsını işiden Mollâ Nasreddîn birgün kızup, "Sen şurada dur. Ben şimdi gelirim. Seni inândırmanın bak nasıl yolunu bulurum" demiş, bırakmış gitmiş. Çocuk sâ'atlerce bekledigi hâlde Mollâ Nasreddîn'den eser görünmemiş. Cânı sıkılmış. Kendi kendine muttasıl söylenirmiş. O esnada akranından biri gelüp "Burada ne durursun. Kendi kendine ne söylenirsin" demekle meseleyi anlatmış. O efendi bir hande-i tahmîk verüp demiş ki "A budala! İşte seni aldatmış a. Daha ne biçim aldatmak istersin".

(Latîfe): Yine zamân-ı tıfıllığında memleketin harâbe bir mahallesinde çocuklarla oynarken arkadaşları bir tek çizme bulmuşlar. Evirüp çevirmişler, bir şeye benzetememişler. Getirüp Mollâ Nasreddîn'e göstermişler. Derhâl "Ayol ne var bunu bilemeyecek? Kazma kılıfı" demiş.

(Kemâleddîn) imzâsıyla vârid olmuşdur:

(Latîfe): Birisi hânesi hiç güneş görmediğini Hoca'ya şikâyet etmiş. Hoca "Tarlan güneş görüyor mu" diye sorup "Evet" deyince Hoca "O sûretde hâneni tarlaya nakl et" demişdir.

(Latîfe): Birkaç çocuk bir ırmak kenarında bacaklarını suya sokup "Benim ayağım nerede? Hayr! O Hüseyin'in ayağıdır! İşte ayaklarımız karmakarışık oldu. Ben size bir yere toplanup da suya ayağımızı sokmayalım demişdim. Şimdi herkes kendi ayağını nasıl bulacak" diye gavga ederlermiş. Hoca da oradan geçiyormuş. Bunların gavgalarını işidince "Durun çocuklar ben şimdi herkesin ayağını sahibine i'âde ederim. Karışıklığa meydan

دعواسنى ايشيدن ملّا نصر الدين برگون قيزوب «سن شوراده طور. بن شيمدى گليرم. سنى ايناندىرمەنك باق ناصل يولينى بولورم» ديمش، بيراقمش، گيتمش. چوجوق ساعتلرجه بكلەدىكى حالده ملّا نصر الديندن اثر گورونمەمش. جانى صيقيلمش. كندى كندىنه متصل سويلەنىرمش. او اثناده اقراندن برى گلوب «بوراده نه طورىورسين. كندى كنديكه نه سويلنيورسين؟» ديمكله مسئلەيى آكلاتمش. او افندى بر خندهٔ تحميق قوبى ويروب ديمش كه: آ بودالا! ايشته سنى آلداتمش آ. دها نه بيچيم آلداتمق ايسترسين؟

﴾ **لطيفه** ﴿ يينه زمان طفوليتنده مملكتك خرابه بر محلنده چوجوقلرله اويناركن آرقەداشلرى بر تك چيزمه بولمشلر. اَويروب چەويرمشلر، بر شيئه بگزرەتەمەمشلر. كتيروب ملّا نصر الدينه گوسترمشلر. درحال «آيول! نه وار بونى يىلەمەيەجك؟ قازمه قيليفى!» ديمش.

(كمال الدين) امضاسيله وارد اولمشدر.

﴾ **لطيفه** ﴿ بريسى خانەسى هيچ گونش گورمەدىكىنى خواجەيه شكايت ايتمش. خواجه «تارلاڭ گونش گورىورمى ؟» دييه صوروب «اَوَتْ!» ديينجه خواجه «او صورتده خانەڭى تارلايه نقل ايت !» ديمشدر.

﴾ **لطيفه** ﴿ بر قاچ چوجوق بر ايرماق كنارنده باجقلرينى صويه صوقوب «بنم آياغم نرەده؟ - خير ! او حسينك آياغيدر ! ـ ايشته آياقلريمز قارمه قاريشيق اولدى - بن سزه بر يره طوپلانوب ده صويه آياغيمزى صوقمايەليم ديمشدم.- شيمدى. هر كس كندى آياغينى ناصل بولەجق» دييه غوغا ايدرلرمش. خواجەده اورادن گچييورمش. بونلرڭ غوغالرينى ايشيدنجه «طورڭ چوجوقلر بن شمدى هر كسك آياغينى صاحبينه اعاده ايدرم. قاريشقلغه ميدان

verenin cezâsını veririm" diye elindeki asayı su içine sokup bunların ayaklarına hızlıca yapışdırınca hepsi birden cân acısıyla "Aman!" diyerek sudan süratle ayaklarını çıkarup derhâl herkes kendi ayağına sahib olmuş.

(Latîfe): Hoca'yı düğüne da'vet ederler. Hâneye duhûlünde bakar ki misâfirleri karşılayacak, pabucları muhâfaza edecek kimse yok. Kimse kimseyi tanımıyor. Bu kargaşalıkda pabucları bir hasâra uğratmamak içün heman koynundan mendilini çıkarup pabucları sarar, sarmalar, koynuna koyar. Odaya dâhil olup gösterilen mahalle oturur. Yanındaki zat koynunun kabarıklığını ve mendilin ucunu görmekle "Efendim galiba koynunuzda nevâdirden bir kitâb var" demiş. Hoca "Evet efendim" diye mukabele eylemiş. Yine o zat "Efendim! Neye müte'allik[64]" demekle "İlm-i iktisada müte'allik" der. O adam mükâlemeye medâr olmak üzere tekrâr "Sahâflardan mı aldınız" demekle Hoca dahi "Hayr efendim! Kavâflardan[65] aldım" cevâbını vermişdir.

(Esad Naci) imzâsıyla gelmişdir:

(Latîfe): Akşehir'de bağ gayet ucuz fiyatla satılığa çıkarılup derhâl dört beş zat tâlib olur. Bunlardan biri Hoca merhûma gelüp bağı kendisine almaklığa ve fiyatında biraz daha ikrâm edilmesine delâletini ricâ eder. Hoca bu haberi alınca derhâl bağ sâhibine koşup ne yapar, yapar, îcâbına bakar. Müşteri haber almağa gelince Hoca "İşi becerdim. Lâkin son derece zahmet çekdim. Herîfin sakalına güldüm. Bin dereden su getirdim. Elhâsıl

---

[64] müte'allik: Alakalı, ilgili.
[65] Kavâflar: Kundura veya ayakkabıların satıldığı dükkânlar.

ویرنك جزاسنی ویریرم» دییه النده‌کی عصایی صو ایچنه صوقوب بونلرك آیاقلرینه خیزلیجه یاپیشدیرنجه هپسی بردن جان آجیسیله «آمان !» دییه‌رك صودن سرعتله آیاقلرینی چیقاروب درحال هرکس کندی آیاغینه صاحب اولمش.

﴾ لطیفه ﴿ خواجه‌یی بر دوکونه دعوت ایدرلر. خانه‌یه دخولنده باقاركه مسافرلری قارشیلایه‌جق، پابوجلری محافظه ایده‌جك کیمسه یوق. کیمسه کیمسه‌یی طانیمایور. بو قارغاشه‌لقده پابوجلری بر خساره اوغراتمامق ایچون همان قوینیندن مندیلنی چیقاروب پابوجلری صارار، صارمالار، قوینینه قویار. اوطه‌یه داخل اولوب گوستریلن محلده اوتورور. یانینده‌کی ذات قوینك قاباریقلغنی ومندیللك اوجینی گورمکله «افندم ! غالبا قوینكزده نوادردن بر کتاب وار!» دیمش. خواجه «اوت افندیم!» دییه مقابله ایله‌مش. ینه او ذات «افندیم ! نه‌یه متعلق ؟» دیمکله «علم اقتصاده متعلق!» دیر. او آدم مکالمه‌یه مدار اولمق اوزره تکرار «صحافلردنمی آلدیكز ؟» دیمکله خواجه دخی «خیر افندیم ! قاوافلردن آلدیم !» جوابینی ویرمشدر.

(اسعد ناجی) امضاسیله کلمشدر.

﴾ لطیفه ﴿ آقشهرده بر باغ غایت اوجوز فیأتله صاتیلغه چیقاریلوب درحال دورت بش ذات طالب اولور. بونلردن بری خواجه مرحومه گلوب باغی کندیسنه آلمقلغه وفیأتنده براز دها اکرام ایدلمه‌سنه دلالتنی رجا ایدر. خواجه بو خیری آلنجه درحال باغ صاحبنه قوشوب نه یاپار، یاپار. ایجابنه باقار. مشتری خبر آلمغه گلنجه خواجه «ایشی بجردیم. لکن صوك درجه زحمت چکدیم. حریفك صاقالینه گولدم. بیك دره‌دن صو گتیردیم. الحاصل

۸۹

memûlünün fevkinde ucuz olması husûsunda emrin vechile seninçün çalışdım. Tenzîlâta aid sarf eyledigim mesâ'iyi sırf senin muhterem hâtırın içün yapdım. Nasıl memnûn oldın mı" demekle herîf büyük büyük teşekkürler eyledi. Sevincinden hop hop hoplayordu. Bu esnada Hoca Ey şimdi bu arada kendim içün de muhtasar bir teşebbüsde bulunmaklığıma bir şey demezsin a" deyince herîf "Ne demek efendim? Elbette sen de ondan ayrıca bir temennîde bulunabilirsin! Buna kim ne der" demekle Hoca "İşte ben de bütün talâkatımı arzunuz vechile fiyatın ehveniyeti husûsuna sarf eyledikden sonra bu hakkımdan istifâde ederek hâtime-i kelâmda kendim içün de iki çift söz sarf ederek bağı kendim aldım" demişdir.

Üstâdî (Sipahi Hâcı Hâfız Şükrü) Efendi'den menkul olmak üzere (Eyüblü İsmail Hakkı) Begefendi tarafından ihdâ buyurulan hikâyelerdir:

(Latîfe): Hoca merhûm birgün Timur-leng'in maiyetlerinden birine "İtikadda mezhebin kimdir" demiş. Herîf cevâben elini gögsü üzerine koyarak mütevâzi'âne "Emir Timur gurgân" demiş. Huzzârdan biri "Kuzum Hoca Efendi! Peygamberi kimdir sor bakalım" demişler. Hoca "Ne sorayım? i'itikadda imâmı topal Timur olursa peygamberi mutlaka Cengiz-i hûn-rîz[66] olacakdır" demişdir.

(Latîfe): Akşehir'in a'yân ve eşrâfı Hoca merhûmun fazl ve kemâlini bildiklerinden çocuklarının bu zat-ı âlî-kadrden istifâde eylemesini arzu eyleyüp Hoca'yı mekteb mu'allimi yaparlar. Memleketin a'yân ve eşrâfı bütün çocuklarını oraya gönderirler. Bir akşam

---

[66] Hûn-rîz: Kan dökücü.

مأمولكڭ فوقنده اوجوز اولمەسى خصوصنده امرك وجهله سنكچون چالشدیم. تنزیلاته عائد صرف ایلەدیكم مساعی یی صرف سنك محترم خاطرك خاطرك ایچون یاپدیم. ناصل ممنون اولدیڭمی؟» دیمكله حریف بیوك بیوك تشكرلر ایلەدی. سوینجندن هوپ هوپ هوپلایوردی. بو اثناده خواجه «ای شیمدی بو آراده كندیم ایچون ده مختصر بر تشبّثده بولونمقلغمه بر شی دیمزسین آ ؟» دیینجه حریف «نه دیمك افندیم ؟ البته سن ده اوندن آیریجه بر تمنّیده بولونەبیلیرسین! بوڭا كیم نه دیر!» دیمكله خواجه «ایشته بن ده بوتون طلاقتمی آرزوكز وجهله فیأنك اهونیتی خصوصنه صرف ایلەدیكدن صوڭره بو حقمدن استفاده ایدرك خاتمۀ كلامده كندیم ایچون ده ایكی چیفت سوز صرف ایدرك باغی كندیم آلدیم !» دیمشدر.

استادی (سیاهی حاجی حافظ شكری) افندیدن منقول اولمق اوزره (ایوبی : اسماعیل حقی) بك افندی طرفندن اهدا بویورولان حكایه لردن :

﴿ لطیفه ﴾ خواجه مرحوم برگون تیمورلنكڭ معیتلرندن برینه «اعتقادده مذهبك كیمدر؟» دیمش. حریف جوابا الینی گوكسی اوزرینه قویارق متواضعانه «امیر تیمور گورگان !» دیمش. حضاردن بری «قوزوم خواجه افندی ! پیغمبری كیمدر؛ صور باقەلیم ؟» دیمشلر. خواجه «نه صورەمیم ؟ اعتقادده امامی طویال تیمور اولورسه پیغمبری مطلقا جنكیز خونریز اولەجقدر ! » دیمشدر.

﴿ لطیفه ﴾ آق شهرك اعیان واشرافی خواجه مرحوم فضل وكمالنی بیلدیكلرندن چوجوقلرینك بو ذات عالی قدردن استفاضه ایلەمەسنی آرزو ایلەیوب خواجەیی مكتب معلمی یاپارلر. مملكتك اعیان واشرافی بوتون چوجوقلرینی اورایه گوندریرلر. بر آقشام

۹۱

eşrâfdan biri mektebe devâm etmekde olan çocuğunu okudığı derslerden imtihân edüp muvâfık cevâblar vermesinden fevkalâde melhûz olarak Hoca'ya uşakla bir tepsi baklava göndermiş. Tam tedrîs esnasında baklava mektebe gelir. Hoca baklavayı çocukların elinden kurtarmak çaresini düşünür. Kendisi âcilen bir cenâzeye gitmek mecbûriyetinde olduğundan avdetde îcâbına bakmak üzere mektebde ileri gelen çocuklara hitâben "Ben bu tepsiyi rafa koyuyorum! Sakın olmaya ki içindekini yemek tama'ına düşmeyesiniz. Çünkü bunun gönderilmesinden, gönderen adamın bana olan adâvet-ı sâbıkasından emîn degilim. Agleb ihtimâle göre içine mühlek. Bu sûretle bana bir oyun edüp büyük bir cinâyet tasarlanmışdır. Karışmam sonra hepiniz sehirlenüp ölürsünüz. Beni de ağır bir mes'uliyete giriftâr edüp zindanlarda çürütürsünüz" der, gider. Hoca'nın birâder-zâdesi olup mektebde baş kalfa bulunan çocuk bunun desîse olduğunu anlayarak Hoca'nın gaybûbetinden[67] bi'l-istifâde heman tepsiyi rafdan indirir kendi yardağı olan çocukları başına toplar. Ve yemek içün teşvîk ederse de çocuklar "Zehirlidir. Hoca böyle söyledi. Biz yemeyiz. Ölmege vaktimiz yok!" derler. Çocuk "Cânım o sun'idir. İşte ben yiyorum. Artık bir diyeceginiz kalmaz a" der. Çocuklar "Peki, amma Hoca'ya ne cevâb veriz" demeleriyle "Siz beni bilirsiniz a. Ben onu ilzâm edecek kat'î cevâbı hazırladım! Hele biz şunu âfiyetle hora geçirelim" demekle arkadaşları emniyyet kesb edüp müttefikan baklavayı derhâl siler süpürürler. Güle, oynaşa cünbüşlenirler, mu'zib çocuk kurnazlığı tâ baklavanın geldiği zamânda görmüş olmalı ki hitâmında heman koşup mu'allim makamındaki ders kürsüsü üzerinde duran Hoca'nın divitinin

---

67 Gaybûbet: Başka yerde olma.

اشرافدن بری مکتبه دوام ایتمکده اولان چوجوغینی اوقودیغی
درسلردن امتحان ایدوب موافق جوابلر ویرمەسندن فوق العاده
محظوظ اولەرق خواجەیه اوشاقله بر تپسی بقلاوه کوندرمش. تام
تدریس اثناسنده باقلاوه مکتبه کلیر. خواجه باقلاوەیی چوجوقلرك
الندن قورتارمەنك چارەسینی دوشونور. کندیسی عاجلا بر جنازەیه
کیتمك مجبوریتنده اولدیغندن عودتده ایجابنه باقممق اوزره مکتبده
ایلری گلن چوجوقلره خطابا «بن بو تپسی یی رافه قوییورم ! صاقین
اولمایەکه ایچندەکینی ییمك طمعینه دوشمەیەسیكز. چونکه : بونك
کوندریلشیندن، گوندرن آدمك بگا اولان عداوت سابقەسندن امین
دکیلم. اغلب احتماله گوره ایچینه مهلك بر شی قاتیلمشدر. بو صورتله
بگا بر اویون ایدوب بویوك بر جنایت تاصارلانمشدر. قاریشمام؛
صوكره هپکز زهرلەنوب اولورسیكز. بنی ده آغیر بر مسؤلیته گرمتار
ایدوب زندنلرده چوروتورسكز !» دیر؛ کیدر. خواجەنك برادر
زادەسی اولوب مکتبده باش قالفه بولونان چوجوق بونك دسیسه
اولدیغینی آكلایەرق خواجەنك غیبوبتندن بالاستفاده همان تپسی
یی رافدن ایندیریر کندی یارداغی اولان چوجوقلری باشینه طوپلار.
وییمك ایچون تشویق ایدرسەده چوجوقلر «زهرلیدر. خواجه اویله
سویلەدی. بز ییمەیز. اولمکه وقتمز یوق !» دیرلر. چوجوق «جانم؛
او صنیعەدر. ایشته بن ییبورم. آرتق بر دیەجکكز قالمز آ» دیر.
چوجوقلر «پکی؛ امّا خواجەیه نه جواب ویریرز !» دیمەلریله «سز
بنی بیلیرسكز آ. بن اونی الزام ایدەجك قطعی جوابی حاضرلادیم!
هله بز شونی کمال عافیتله خوره گچیرەلم» دیمکله آرقەداشلری
امنیت کسب ایدوب متفقا باقلاوەیی درحال سیلر سوپورورلر.
گوله، اویناشه جنبشلەنیرلر؛ مُعْذِبْ چوجوق قورنازلغی تا باقلاوەنك
گلدیکی زمانده قورمیش اولملی که ختامنده همان قوشوب معلم
مقامندەکی درس کرسیسی اوزرنده طوران خواجەنك دبویتبنك

içinden kalemtraşı alup kırar. Hoca da kapudan içeri girer. Önünde kalemtraşı kırılmış görünce bir tavr-ı gazûbâne ile "Bunu kim kırdı" diye haykırır. Çocuklar hepsi biraderzâdesi olan çocuğu gösterirler. Hoca çocuğa "Kalemtraşı niçün kırdın? Ben de senin kemiklerini kırayım mı" diye bağırınca kurnaz çocuk yalandan ağlayarak "Hoca Efendi! Kalemim kırıldı. Kalemtraşla büyütmek istedim. Yontarken kalemtraşı kırdım. Ben de şimdi amucamın yüzüne nasıl bakayım, ona nasıl cevâb vereyim. Şimdi gelirse benim kemiklerimi kırıncaya kadar envâ'-ı işkenceye giriftâr eder. Bu azâbları çekmekden ise ölmek daha ehvendir dediö. Kendimi öldürmek için çare düşündüm, mektebin kuyusını telvîs etmesini revâ görmedim. Düşündüm, taşındım, rafdaki sizin söylediginiz zehirli baklava aklıma geldiç heman tepsiyi indirüp evvelâ kelime-i şehâdet çekdim. Arkadaşlarımla halâllaşdım, babama, hemşîreme, a...., illâ o bî-çâre bana düşkün olan zavâllı anama haber gönderüp "Halâllık diledim. Bismillah deyüp gözümü yumdum, baklavayı bir pak göçürdüm. Hatta tepsiyi sıyırmayı da unutmadım. A.... Fakat... fakat... maat-teessüf sui-tâli'imden ölmedim, ölemedim" demiş. Bir tarafdan cânından tatlı bildigi baklavanın elden gitmesi, diger tarafdan baba yâdigârı kalemtraşın kırılması hasebiyle yüregi yanan zavallı Hoca "Ulan! Bu yaşda bu kadar üstâdâne bir tedbîr düşünesin beni hayretde bırakdı. Ben de her suâlin cevâbını, her lafın karşılığını bulurum amma sen benden mâhir çıkacaksın! Zâhir, bizim sülâleye bu kurnazlık dâd-ı hakkadır" demekden başka bir şey yapamamışdır.

(Latîfe): Densiz, patavatsız ta'bir eyledigimiz avâm gürûhundan biri Hoca merhûma musallat olup gûnâgûn zarara sokar, yapmadığı

ايچندن قلمتراشی آلوب قیرار. خواجه‌ده قاپودن ایچری گیرر. اوکنده قلمتراشی قیریلمش گورنجه بر طور غضوبانه ایله «بونی کیم قیردی؟» دییه هایقیریر. چوجوقلر هپسی برادرزاده‌سی اولان چوجوغی گوستریرلر. خواجه چوجوغه « قلمتراشی نیچون قیردیك. بن ده سنك کمیکلریكی قیره‌یمی؟» دییه باغیرنجه قورناز چوجوق یالانندن آغلایه‌رق «خواجه افندی ! قلمم قیریلدی. قلمتراشله یونتمق ایسته‌دیم، یونتارکن قلمتراشی قیردیم. بن ده شیمدی عموجه‌مك یوزینه ناصل باقه‌یم؛ اوڭا ناصل جواب ویره‌یم. شیمدی گلیرسه بنم کمیکلریمی قیرنجه‌یه قدر انواع اشکنجه‌یه گرفتار ایدر. بو عذابلری چكمکدن ایسه اولمك دها اهوندر. دیدیم. کندیمی اولدورمك ایچون چاره دوشوندیم. مکتبك قویوسینی تلویش ایتمه‌سینی روا گورمه‌دیم. دوشوندیم، طاشیندیم. رافده‌کی سزك سویه‌دیككز زهرلی باقلاوه عقلیمه گلدی. همان تپسی یی ایندیروب اوّلا کلمۀ شهادت چکدیم. آرقه‌داشلریمله حلال‌لاشدیم بابامه، همشیره‌مه، آ..... الّا او بیچاره بڭا دوشگون اولان زواللی آنامه خبر گوندروب حلال‌لق دیله‌دیم. بسم الله دییوب گوزیمی یومدیم باقلاوه‌یی پیرپاك گوچوردیم. حتی تپسی یی صییرمه‌یی ده اونوتمه‌دیم. آ........ فقط .... فقط .... مع التأسف، سوء طالعمدن اولمه‌دیم؛ اوله‌مه‌دیم» دیمش. بر طرفدن جانندن طاتلی بیلدیكی باقلاوه‌نك الدن گیتمه‌سی، دیكر طرفدن بابا یادگاری قلمتراشك قیریلمه‌سی حسبیله یورکی یانان زواللی خواجه «اولان ! بو یاشده بو قدر استادانه بر تدبیر دوشونوشك بنی حیرتده بیراقدی. بن ده هر سؤالك جوابینی، هر لافك قارشیلیغینی بولورم امّا سن بندن ماهر چیقه‌جقسین! ظاهر؛ بزم سلاله‌یه بو قورنازلق داد حقدر!» دیمکدن باشقه برشی یاپه‌مامشدر.

﴿ لطیفه ﴾ دکسز پاتاواتسز تعبیر ایله‌دیكمز عوام گروهندن بری خواجه مرحومه مسلط اولوب کونا گون ضرره صوقار، یاپه‌دیغی

ezâ ve eziyet kalmaz. Yine birgün gûyâ Hoca'yı kızdırup eglenmek budalalığıyla Hoca'nın yirmi yedi senedir taşıdığı acı bademden ma'mûl bir asasını kırar. Hoca buna tahammül bârid mu'âmeleden mütekessir olup "Uzun müddet istînâs eylediğimden dolayı o asa benim elim menzilesinde olmuşdu. Sen benim elimi kırdın, senin de ayağın kırılsın. Benim bu inkisârım elbette birgün olur eserini gösterir. Amma kırk gün kırk hafta, kırk yıl. Orasını Cenâb-ı Müntakim-i Zülcelâl bilir" der. Herîf ne söyleyecegini bilemez. Kaba saba biraz homurdandıkdan sonra def' olup giderken daha oracıkda ayağı sendeleyüp yüzükoyun kapanır. Sol bacağı kırılır. Fevkalâde korkup pişman olup cânı yandığından nâşî bârân gibi gözyaşı dökerek sürüne sürüne Hoca'nın huzûruna gelir. Kusûrunun afvını istirhâm eyledikden sonra "Efendi! Hani sen inkisârın tesîri, gayesi kırk yıl ekalli kırk gün olacağını söylemişdin" deyince Hoca "Yine öyledir. Senin gördigin bu cezâ bundan kırk gün evvel başka bir bî-çârenin daha cânını yakdığından dolayıdır. Bizimki daha kırk gün sonra çıkacak. Sağ bacağın da bize itdiğinden dolayı hurd olup sürüneceksin" demişdir.

(Latîfe): Hoca'nın eşeği çalınmış. Ertesi gün mecmu' ahbâb da yana yakıla anlatup onlardan bir çâre ve tedbîr taleb eylemek istemiş. Huzzâr meseleyi bir tafsîl dinledikden sonra her birisi "Eyi ama a Hoca Efendi! Ahırın kapusına bir kilid asmalı degil mi? Cingane tahtasından yapılan kapıya kilid urmak ne para eder? El ile dokunsan parça parça olur. Ya divarlara ne dersin? İnsân hânesinin divarlarını biraz yüksekce yapmaz mı? A Hocam! Ölü mü idin? Herîf bi't-tabi' bu kocaman hayvanı koynuna koyup

اذا واذيت قالمز. يينه برگون گويا خواجهيي قيزديروب اكلنمك
بودالالغيله خواجهنك ييكيرمي يدي سنهدر طاشيديغي آجي بادامدن
معمول بر عصاسيني قيرار. خواجه بونا بمحل بارد معاملهدن منكسر
اولوب «اوزون مدّت استيناس ايلهديكمدن طولايى او عصا بنم
اليم منزلهسنده اولمشدى. سن بنم اليمى قيرديك؛ سنك ده آياغك
قيريلسين؟ بنم بو انكسارم البته بر گون اولور؛ اثرينى گوسترير.
امّا قرق گون قيرق هفته، قيرف ييل. اوراسينى جناب منتقم ذو
الجلال بيلير ! دير. حريف نه سويلهيهجكينى بيلهمز. قابا، صابا
براز هوموردانديقدن صوگره دفع اولوب كيدركن دها اوراجقده
آياغى سندهلهيوب يوزى قويون قاپانير. صول باجاغى قيريلير. فوق
العاده قورقوب پشيمان اولوب جانى ياندىغندن ناشى باران گيبى
گوز ياشى دوكهرك سورونه سورونه خواجهنك حضورينه گلير.
قصورينك عفوينى استرحام ايلهديكدن صوگره «افندى ! هانى سن
انكسارك تأثيرى؛ غايهسى قيرق ييل گول گون اولهجغينى
سويلهمشديك ! » ديينجه خواجه «يينه اويلهدر. سنك گورديگك بو
جزا بوندن قيرق گون اوّل باشقه بر بيچارهنك دها جانينى ياقديغكدن
طولاييدر. بزمكى دها قيرق گون صوگره چيقهجق. صاغ باجاغك ده
بزه ايتديككدن طولايى خورد اولوب سورونهجكسين !» ديمشدر.

《 لطيفه 》 خواجهنك اشكى چالينمش. ايرتهسى گون مجمع
احبابده يانه ياقيله آگلاتوب اونلردن بر چاره وتدبير طلب ايلمك
ايستهمش. حضّار مسئلهيى بر تفصيل ديگلهديكدن صوگره هر بريسى
«ايى اما آ خواجه افندى ! آخيرك قاپوسينه بر كليد آصمهلى دكلميدى
؟ - جينگانه تاختهسيندن ياپيلان قاپى يه كليد أورمق نه پاره ايدر؟
ال ايله طوقونسهك پارچه پارچه اولور. - يا ديوارلره نه ديرسين ؟
انسان خانهسينك ديوارينى براز يوكسجه ياپمزمى. - آخواجهم !
أولومى ايديك ؟ حريف بالطبع بو قوجهمان حيوانى قوينونه قويوب

çıkup gitmişdir, a eşek ahırdan çıkarılup da sokak kapusundan çıkarılıncaya kadar siz nerede idiniz? Bak doğrusu ben sokak kapumu gece arkasından kilidler, anahtarı baş yasdığımın altına koyarım. O vakt bi't-tabi' hırsız kilidi kırıp da sığırımı, sıpamı sellemü's-selâm alup götürmege cesaret edemez" gibi o anda işe hiç yaramayacak dedikodılarla boyına Hoca'yı şemâtet ve muâhazaya boğmuşlar. Artık Hoca'nın sabrı tükenüp demiş ki: "Efendiler! Ağalar! Pek doğru söyliyorsunuz. Sırf mâzîye aid olup bu gûne bir paralık faidesi olmamak şartıyla sözlerinizin hepsi doğrudur! Ancak... siz de insâf ediniz. Hep kabâhat bende mi? Hırsızın hiç suçu, günâhı yok mu".

Güzîdegân-ı erbâb-ı kalemden "Abbas Harirî Begefendi" eski bir letâif mecmû'asının zahrına serhle yazılmış olduğu hâlde görüp bi'l-istinsâh ihdâ[68] buyurmuşdur:

(Latîfe): Günlerden birgün birkaç a'mâ bir kahvenin peykesinde[69] Hoca yanlarından geçerken para kisesini şangır şungır şakırdatarak "Alın şu paraları da bol bol paylaşın" der. Ve fakat hiç bir şey vermeyüp uzakdan seyirci olur. A'mâlar ise derhâl "Sana verdi! Yok bana vermedi. Hakkımı isterim. Hissemi verin" diyerek alt alta, üst üste peykeden aşağı düşerler. Ve sûbaşıya gelüp mücâdele ederlerken Hoca da gülmekden bayılırmış.

Uşak dîvân-ı umûmiye memûru Zâde Hüseyin Hamid Beg tarafından: (Ali Rıza) imzâsıyla vürûd eylemişdir:

(Latîfe): Hoca merhûm gençliginde mu'ziblik etmeksizin bir an duramazmış. Birgün yolda giderken mahallede en hasîs, en

---

68 İhdâ: Hediye.
69 Peyke: Tahta sedir.

چیقوب کیتمه‌مشدر؛ آ. اشك آخیردن چیقاریلوب ده سوقاق قاپوسندن چیقاریلنجه‌یه قدر سز نره‌ده ایدیكز. ـ باق طوغروسی بن سوقاق قاپومی گیجه آرقه‌سندن كلیدلر، آناختاری باش یاصدیغمك آلتینه قویارم. او وقت بالطبع خیرسز كلیدی قیروب ده صیغیریمی، صییامی سلمه السلام آلوب گوتورمكه جسارت ایده‌مز » گیبی او آنده هیچ ایشه یارامایه‌جق دیدی قودیلرله بو بینه خواجه‌یی شماتت ومؤاخذه‌یه بوغمشلر. آرتیق خواجه‌نك صبری توكه‌نوب دیمش كه: افندیلر ! آغالر ! پك طوغرو سویله‌یورسیكز. صرف ماضی عائد اولوب بوگونه بر پاره‌لق فائده‌سی اولمامق شرطیله سوزلریكزك هپسی طوغرودر ! آنجاق ... سزده انصاف ایدیكز. هپ قباحت بنده‌می؟ خیرسیزك هیچ صوچی، كناهی یوقمی ؟...

كزیدكان ارباب قلمندن «عباسی خادری بك افندی» اسكی بر لطائف مجموعه سنك ظهرینه سرخله یازلمش اولدیغی حالده كوروب بالاستنساخ اهدا بویورمشدر :

﴿ لطیفه ﴾ گونلرده برگون برقاچ اعما بر قهوه‌نك پیكه‌سنده اوتورورلرمش خواجه یانلرندن كچركن پاره كیسه‌سینی شانغیر شونغیر شاقیرداته‌رق «الیك شو پاره‌لری ده بول بول پایلاشین !» دیر. وفقط هیچ بر شی ویرمه‌یوب اوزاقدن سیرجی اولور. اعمالر ایسه درحال «سكّا وردی ! ـ یوق بكّا ویرمه‌دی ـ حقیمی ایسترم . ـ حصّه‌می ویرك» دیه‌رك آلت آلته، اوست اوسته پیكه‌دن آشاغی دوشرلر. وصوپا صوپایه گلوب مجادله ایدرلركن خواجه‌ده گولمكدن باییلیرمش.

عشاق دیون عمومیه مأموری زاده حسین حامد بك طرفندن:

(علی رضا) امضاسیله ورود ایله مشدر.

﴿ لطیفه ﴾ خواجه مرحوم كنجلكنده معذبلك ایتمكسزین بر آن طوره‌مازمش. برگون یولده گیدركن محلله‌ده اك خسیس، اك

۹۹

bed-ahlâk, titiz olan komşusunun kazları divar gölgesine çeki-
lüp uyumakda olduklarını görünce herîfin biraz kudurup tepin-
mesini, mahalleyi başına yıkmasını seyr etmek üzere en iri erkek
kazı usulca yakalayup cübbesi altına alarak yürümege başlamış.
İyice gitdigi hâlde kaz hiç ses çıkarmadığına, bağırup çırpınmadı-
ğına merak ederek tenhâ sokağa geldigi sırada yavaşca cübbesini
açup kazın yüzüne bakınca kaz başını kaldırup-mu'tâdı vechle-
"Sussss..." deyince Hoca "Âferin kaz! Halt etmiş sana kaz diyen.
Sen efendinden çok ârif imişsin. Ben de sana bunu tenbîh ede-
cekdim" demişdir.

**Edirne'den Hasan Hayreddîn Begefendi tarafından
resmi dahi yapılarak beraber ihdâ edilmişdir:**

(Latîfe): Anadolu'da ale'l-ekser işlerini imece ile görürler.
Mesela degirmende un üğütmek için herkes hayvanına buğdayını
yükleterek beş on kişi günlerce degirmende nöbet beklemege bedel
bir seferde içlerinden biri gider dostları, komşuları buğday yüklü
hayvanlarını ona tevdî' ederler. Birkaç günde o adam öğütür, ge-
lir ertesi sefer başka birisi gider. Bu sayede de birkaç adam-ale'l-
ekser-şehre birkaç sâ'at uzakda olan degirmende açıkda sefîl ve
sergerdân kalmamış olur. Bu kabilden olmak üzere Hoca öğüne
sekiz dane buğday yüklü eşegi katup, bir danesine de binüp yolda
giderken-hâsıl olunan şübhe üzerine-eşekleri saymak ister. Sayar,
sekiz gelir. Gayet telâş eder. Çünkü sekiz dane adam kendisine
hayvanlarını tevdî' eylemişdir. Hâlbu ki bir de kendinin olacakdı,

بداخلاق، تیتیز اولان قومشوسنك قازلری دیوار گولگه‌سینه چكیلوب اویومقده اولدیقلرینی گورونجه حریفك براز قودوروب تپینمه‌سینی ، محلله‌یی باشینه یغمه‌سینی سیر ایتمك اوزره الك ایری اركك قازی اوصولجه یاقه‌لایوب جبّه‌سی آلتینه آله‌رق یورومكه باشلامش اپیچه گیتدیكی حالده قاز هیچ سس چیقارمه‌دیغینه، باغیروب چیرپینمه‌دیغینه مراق ایدرك تنها سوقاغه گلدیكی صیره‌ده یاواشجه جبّه‌سینی آچوب قازك یوزینه باقنجه قاز باشینی قالدیروب – معتادی وجهله – «صوص ص ص ص» دیینجه خواجه «آفرین قاز ! خلط ایتمش سكا قاز دین. سن افندیگكدن چوق عارف ایمشسین. بن ده سكا بونی تنبیه ایده‌جكدیم» دیمش.

ادرنه دن حسن خیر الدین بك افندی طرفندن رسمی دخی یابیله رق برابر اهدا ایدلمشدر :

﴿ لطیفه ﴾ آناطولیده علی الاكثر ایشلرینی ایمه‌جه ایله گورورلر. مثلا دكیرمنده اون اوكوتمك ایچون هر كس حیوانینه بوغدایینی یوكله‌ته‌رك بش اون گیشی گونلرجه دكیرمنده نوبت بكله‌مكه بدل بر سفرده ایچلرندن بری گیدر دوستلری، قومشولری بوغدایی یوكلی حیوانلرینی اوكا توزیع ادرلر. بر قاچ گونده او آدم اوكوتور، گلیر ایرته‌سی سفر باشقه بریسی گیدر. بو سایه‌ده‌ده بر قاچ آدم – علی الاكثر – شهره بر قاچ ساعت اوزاقده اولان دكیرمنده آچیقده سفیل وسرگردان قالمامش اولور. بو قبیلدن اولمق اوزره خواجه اوگینه سكز دانه بوغدای یوكلی اشكی قاتوب، بر دانه‌سینه‌ده بینوب یولده گیدركن – حاصل اولنان شبهه اوزرینه – اشكلری صایمق ایستر. صایار، سكز گلیر. غایت تلاش ایدر. چونكه سكز دانه آدم كندیسنه حیوانلرینی توزیع ایله‌مشدی. حالبوكی برده كندینك اوله‌جقدی،

۱۰۱

eşeklerin dokuz olması lâzım gelirdi. Heman hayvanları durdurup kendi yüklü hayvanından da inüp yolun ivicâclı[70] yerini geçerek ileriye bakmak, yâhûd meselâ orada bulunan ağacların arkasından aramak üzere bir müddet geriye dönüp bulamayarak kemâl-i yeisle avdet eyledigi sırada hayvanları bi tekrâr sayar, dokuz: "Fesübhanallah" deyüp yine merkebin birine binerek giderken-artık şübhe ârız olacağı derkâr olmağla-yine bir daha saymağa başlar, yine merkebler sekiz gelmez mi? Hoca hayretlere dûçâr olup-kendince birşeyler hatırlar gibi olarak-yine merkebden iner, gerisin geri bir hayli gidüp kemâl-i yeisle avdet ederek merkebleri ümîdsiz bir sûretde sayar- dokuz! Zavallı Hoca çıldıracak gibi olur-demir gibi râsih[71] bir i'tikadla mu'tekid[72] olduğu- birtakım cinler perîler hikâyelerini düşünmege başlar. Issız çölde perilerin Âdemoğullarına ne gibi oyunlar oynadığına dair birçok sikatdan[73] bizzât işitdigi menkıbeler hep dimâğında kaynaşırlar. Hoca'nın zihni perîşân, aklı târumâr olur. Birçok da'vât okuyarak yine merkebin birine biner, yoluna nâçâr devam eder. Fakat şeytan durur mu? Merkebleri bir daha saymak üzere Hoca'yı dürtüşdürür. Hoca âdetâ istemeye istemeye, kerhen merkebleri bir daha sayar, sekiz. Artık olanca çılgınlıkları var kuvvetiyle tepreşerek merkebden atlayup bir müddet kendi kendine bağırır, tepinir. Bağıra bağıra ecinnilere, gulyabanilere karşı okunan ta'vîzleri, azîmetleri bülend-âvâzla okur. Vehimesi de son derece fi'illiyata başlayup acib acib sesler duymağla korkudan tir tir titrer. Sonra bakar ki hayvanlar çemenzârda yayılmağa dağılmışlar. Yükleri indirmege bile kendinde tâkat bulamayup kendisi de bir ağacın sâyesine atıverir. O esnada ileriden bir yolcu belirmegle ervâh-ı habîsenin o tazyıkından

---

[70] İvicâc: Eğri büğrü.
[71] Râsih: Sağlam.
[72] Mu'tekid: İnanan
[73] Sikat: İnanılır, güvenilir kimse.

اشكلرڭ طوقوز اولمەسی لازم گلیردی. همان حیوانلری طوردوروب
كندی یوكلی حیواننددن ده اینوب یولك اعوجاجی یرینی كچەرك
ایلرئ یه باقمق، یاخود مثلا اوراده بولنان آغاجلرڭ آرقەسندن آرامق
اوزره بر مدت گری یه دونوب بولەمایەرق كمال یأسله عودت
ایلەدیكی صیرەەده حیوانلری بتكرار صایار، طوقوز: «فسبحان الله»
دییوب یینه مركبك برینه بینەرك گیدەركن - آرتیق شبهه عارض
اولەجغی دركار اولمغله - یینه بر دها صایمغه باشلار، یینه مركبلر
سكز گلمزمی ؟ خواجه حیرتلره دوچار اولوب - كندنجه بر شیلر
خاطرلار گیبی اولەرق - یینه مركبدن اینر. گریسین گیری بر خیلی
گیدوب كمال یأسله عودت ایدەرك مركبلری امیدسز بر صورتده
صایار؛ طوقوز ! زواللی خواجه چیلدیرەجق گیبی اولور - دمیر گیبی
راسخ بر اعتقادله معتقد اولدیغی - بر طاقم جنلر پریلر حكایەلرینی
دوشونمكه باشلار. ایصسز چولده پریلرڭ آدم اوغلانلرینه نه گیبی
اویونلر اویناییدیغنه دائر بر چوق ثقاتدن بالذات ایشتدیكی منقبەلر هپ
دماغنده قایناشیرلر. خواجەنك ذهنی پریشار، عقلی تارمار اولور. بر
چوق دعوات اوقیەرق یینه مركبك برینه بینر؛ یولنه ناچار دوام ایدر.
فقط شیطان طورورمی ؟ مركبلری بر دها صایمق اوزره خواجەیی
دورتوشدورور. خواجه عادتا ایستەمەیه ایستەمەیه؛ كرهاً مركبلری بر
دها صایار؛ سكز. آرتیق اولانجه چیلغنلقلری وار قوّتیله تپرەشەرك
مركبدن آتلایوب بر مدت كندی كندینه باغیرر، تپینیر. باغیره باغیره
اجنیّلره، غول یابانیلره قارشی اوقونان تعویذلری، عزیمتلری بلند
آوازله اوقور. واهمەسی ده صوڭ درجه فعّالیّته باشلایوب عجیب
عجیب سسلر طویمغله قورقودن تیر تیر تیترر.صوڭره باقاركه
حیوانلر چمنزارده یاییلمغه طالمشلر. یوكلری اندیرمكه بیله كندنده
طاقت بولەمایوب كندیسنی ده بر آغاجك سایەسینه آتی ویرر.
او اثناده ایلریدن بر یولجی بلیرمكه ارواح خبیثەنك او تضییقندن

çıldırmağa ramak kalmış olan Hoca hızıra kavuşmuşcasına adama seslenüp yanına celb eder. Herîfle âşina çıkarlar. Zaten Hoca'yı kim bilmez? Hoca'yı bîtâb ve harâb bir hâlde görünce meseleyi suâl eder. Zavallı yana yakıla mâcerâyı anlatır. Şehirde ebnâ-yı zamânın ta'cizâtı yetişmiyormuş gibi çölde gulyabanîlerin kendisiyle bi'l-ittifâk etdigini alayı anlatır. Herîf "Cânım Hoca! Merak etme. O senin kendi kuruntundur" diye temînât verdikce Hoca- vâkı'â kendilerini bi't-tabi' görememişse de-seslerini işitdigini yemînlerle temîne kalkışır. Herîfe bile tereddüd gelirse de yine Hoca'yı boyına tesellide sebât eder. Ennihâye Hoca "Ayağını öpeyim. Bir mikdar meks et. Beni hayvanıma bindirüp yoluma düzlet. Sonra selâmetle işine git" demekle herîf acıyup orada biraz kahve altı ederler. Buz gibi kaynak suyunu içerler. Hoca'ya da mükemmel bir i'tidâl gelüp neşelenir. Şaklabanlığa başlar. Hayvanları toplarlar. Birine bine "Hele şu ecinni dostu olan eşekleri bir daha sayalım" der. Yine sayar. Yine bir eksik, ya'ni sekiz gelince ağlamsık bir sesle yolcuya müteveccih olup "Gördün mü birâder. İşte yine sekiz oldu. Nedir bu benim çekdigim şu eşekler elinden" diye gerçek gerçek tazalluma başlayınca herîf gülerek "A Hocam! Şu kendi bindigin, öz nefsinin râkib olduğu merkebi de saysan a! Zâten bütün yanlışlık kendi eşegini öz kardaşlarınınkilerle birlikde saymakdan çıkar" deyince Hoca bir müddet düşünüp elini alnı üzerine "Şap..." diye indirerek şakaklarını ovuşdurdukdan sonra heman merkebden inmiş, herîfin ellerine sarılmış. Herîf-bu bedîhî meselede bi mahmiyyet, bir güçlük görmedigi cihetle- hayran hayran "Aman efendim! Etme, estağfirullah" dedikce Hoca yemînlerle yalvarmaklarla iki

چیلدیر مغهرمق قالمش اولان خواجه حضره قاووشمشجهسینه آدمه سسلهنوب یانینه جلب ایدر. حریفلر آشنا چیقارلر. ذاتا خواجهیی گیم بیلمز ؟ خواجهیی بیتاب وخراب بر حالده کورونجه مسئلهیی سؤال ایدر. زواللی یانهیاقیله ماجرایی آکلاتیر. شهرده ابنای زمانك تعجیزاتی یتشمهیورمش گیبی ایسسز چولده غول یابانیلرك کندیسیله بالاتفاق ایتدیکلری آایی نکلاتیر. حریف «جانم خواجه ! مراق ایتمه. او سنك کندی قورونتوگدر !» دییه تأمینات ویردیکجه خواجه – واقعا کندیلرینی بالطبع کورهمهمششهده – سسلرینی ایشیتدیکینی یمینلرله تأمینه قالقیشیر. حریفه بیله تردد کلیرسهده یینه خواجهیی بویینه تسلیمده ثبات ایدر. النهایه خواجه «آیاغکی اوپهیم. بر مقدار مکث ایت. بنی حیوانیمه بیندیروب یولیمه دوزلت. صوگره سلامتله ایشیگه کیث !» دیمکله حریف آجییوب اوراده براز قهوه آلتی ایدرلر. بوز گیبی قایناق صوینی ایچرلر. خواجهیهده مکمل بر اعتدال گلوب نشئهلهنیر. شاقلابانلغینه باشلار. حیوانلری طویلارلر. برینه بینر. «هله شو اجنی دوستی اولان اشکلری بردها صایهلیم !» دیر. یینه صایار. یینه بر اکسیك؛ یعنی سکز کلنجه آغلامیق بر سسله یولجی یه متوجه اولوب «گوردیگمی برادر. ایشته یینه سکز اولدی. نهدر بو بنم چکدیکم شو اشکلرك الندن ؟» دییه گرچك گرچك تظلمه باشلاینجه حریف گولهرك «آ خواجهم ! شو کندی بیندیکك ، اوز نفسیکك راکب اولدیغی مرکبی ده صایسهك آ! ذاتا بوتون یاکلیشلر کندی اشکینی اوز قارداشلرینکگیلرله برلکده صایامقدن چیقار» دیینجه خواجه بر مدّت دوشونوب الینی آلنی اوزرینه «شاپ ...» دییه ایندیر÷رك شاقاقلرینی اووشدوردیقدن صوگره همان مرکبدن اینمش، حریفك اللرینه صاریلمش. حریف ـ بو بدیهی مسئلهده بر مبهمیت، بر گوچلك گورمهدیکی جهتله ـ حیران حیران «آمان افندی ! ایتمه . استغفر الله» دیدیکجه خواجه یمینلرله یالوارامقلرله ایکی

١٠٥

ellerini öpüp "Hay Allah râzı olsun. Beni irşâd etdin! Aklımı hissiyâtımı bana i'âde etdin. Zira ramak kaldı ki sence pek vâzıh ve mu'ayyen olan mu'ammânın halli uğrunda ya az daha çıldıracak, yâhûd yüregime inüp helâk olacakdım. Düşünülürse en dolambaclı, en halli müşkil işler, pek bedîhî pek rûşen olan meselelerin birden bire gözleri nûr-ı bedâhetiyle kamaşdırup insânı sangi[74] eylemesinden neşet eder. Yoksa hakkın bu rutbe bedâhiyyetine karşı dünyâda insânları birbirine kırdırup geçiren şey nedir? Felâket-i beşeriye hep bu noktada birleşir. Bu anahtarı ebediyen gaiv olan kilid bir kere açılsa sultân-ı hakikar herkese tecelli-sâz olarak bütün kanlı bıçaklı düşmanları yekdigeriyle mu'ânaka[75] ederek dünyâda na'im-i hulda[76] erecekleri derkârdır" demişdir.

Maliyeden (İbrahim Halil) Efendi göndermişdir:

(Latîfe): Softalık hengâmında üstâdı Hoca'ya (nasara) ne kelime demiş. Hoca derhâl "masdar" demiş hocası "Ne içün doğru cevâb vermiyorsun" demekle Hoca "Fi'il-i mâzî desem iş uzayacak. Çünkü ma'lûmu var, mechûlü var. Müsbeti var, menfisi var, müzekkeri var, müennesi var, müfredi var, cem'i var, var, var, var. Masdar ise böyle şeylerden âzâdedir. Öyle dalı budağı yok. (Masdar) dersin biz sözle kurtulursun!" demişdir.

Sanayi'i-i nefîse talebesinden (Rauf) Beg tarafından:

(Latîfe): Bir bahar zamânı akranıyla beraber Hoca merhûm civâr köylerden suyu sulağı çok, bütün bağçeler, envâi' eşçâr[77] ve sebzezâr ile mâlî, cennet misâli bir köye giderler. Çemenzârda[78]

---

[74] Sangi: Sersem.
[75] Mu'ânaka: Kucaklaşma.
[76] Na'im-i Huld: Cennet'in bolluğu.
[77] Eşçâr: Ağaçlar.
[78] Çemenzâr: Çayır, yeşillik.

اللرينى اوبوب «هاى الله راضى اولسون. بنى ارشاد ايتديك ! عقليمى حياتيمى بكا اعاده ايتديك. زيرا رمق قالدى كه سنجه پك واضح ومعين اولان معمانك حلى اوغرنده يا آز داها چيلديره‌جق، ياخود يورﮐيمه اينوب هلاك اوله‌جقديم. دوشونولورسه اﯕ طولامباجلى، اﯕ حلى مشكل ايشلر؛ پك بديهى پك روشن اولان مسئله‌لرﯔ بردن بره گوزلرى نور بداهتيله قاماشديروب انسانى صانغى ايله‌مه‌سندن نشأت ايدر. يوقسه حقك بو رتبه بداهتينه قارشى دنياده انسانلرى بربرينه قيرديروب گچيرن شى نه‌در ؟ فلاكت بشريه هپ بو نقطه‌ده برله‌شير. بو آناختارى ابديا غائب اولان كليد بر كره آچيلسه سلطان حقيقت هركسه تجلى ساز اوله‌رق بوتون قانلى بيچاقلى دشمنلر يكديگريله معانقه ايدرك دنياده نعم خلده ايره‌جكلرى دركاردر» ديمشدر.

ماليه دن (ابراهيم خليل) افندى كوندرمشدر :

﴿ لطيفه ﴾ صوفه‌تلق هنكامنده استادى خواجه‌يه (نَصَرَ) نه كلمه ؟ ديمش. خواجه درحال «مصدر» ديمش خواجه‌سى «نه ايچون طوغرو جواب ويرمه‌يورسك» ديمكله خواجه «فعل ماضى ــ ديسه‌م ايش اوزايه‌جق. چونكه معلومى وار، مجهولى وار. مثبتى وار، منفيسى وار، مذكرى وار، مؤنثى وار، مفردى وار ، جمعى وار. وار، وار، وار. مصدر ايسه بويله شيلردن آزاده‌در. اويله دالى بوداغى يوق. (مصدر) ديرسين . بر سوزله قورتولورسين !» ديمشدر.

صنايع نفيسه طلبه سندن (رؤف) بك طرفندن :

﴿ لطيفه ﴾ بر بهار زمانى اقرانيله برابر خواجه مرحوم جوار كويلردن صويى صولاغى چوق، بوتون باغچه‌لرله، انواع اشجار وسبزه‌زار ايله مالى، جنت مثالى بر كويه كيدرلر. چمنزارده

۱۰۷

envâi' nebâtâtın çiçekleri açılmış, ağaçlar rengârenk ezhâr[79] ile donanmış olmakla pek ziyâde mahzûr olmuşlar, gönülleri küşâyiş[80] bulmuş. Fevkalâde neşe ve şetâretle vakt geçirüp getirdikleri sahrâ ta'amlarını tıka basa kemâl-i iştihâ ile yemişler. Azîmet zamânı gelmiş, fakat bir türlü bu güzel gülzârdan ayrılmak istemediklerinden birkaç gün orada kalmağa karar verirler. İçlerinden bir ârifâne ile esbâb-ı safâdan birini der-uhde eder. Kimi baklavası böregi benim üzerime, kimi kuzu dolması benim üzerime, kimisi zeytunyağlı yaprak dolması benim üzerime, kimi salatası peyniri, portakal, alma, armud gibi envâi' yemişler benim üzerime dedikleri sırada Hoca'nın yüzüne bakmışlar. Hoca da bilâ-ta'allül[81] "Bu ziyâfet böyle üç ay devam eylese bile eger ben de buradan ayrılırsam Allah'ın, Peygamber'in, bütün meleklerin la'neti benim üzerime" demişdir.

(Bursa'da bir kariniz) imzâsıyla gelmişdir:

(Latîfe): Hoca merhûm bir memlekete gidüp bir handa mihmân[82] olmuş. Birgün odabaşıyı çağırarak "Hemşeri! Ben bu odanın tavanında, kirişlerinde ara sıra korkunç çatır çutur birşeyler işidiyorum. Bir usta getir de şunu bir iyice mu'ayene etdir" derse de odabaşı gülerek "Telaş etmeyiniz efendim. Bu binâ yıkılmamak üzere yapılmışdır. Öyle çatırtılardan haylamaz. O çatırtı patırtı asırlardan kalma köhne bir binâ olduğundan dolayı degil. Siz hocasınız, elbette bilirsiniz ki dünyâda bütün eşya Cenâb-ı Rabbü'l-âlemin'i tesbîh ederler" diye mugalata ile kelâm-ı hakkı nâ-bemhal-i istişhâde kalkınca Hoca karşısında meselenin hakikatini îzâh

---

[79] Ezhâr: Çiçekler.
[80] Küşâyiş: Ferahlık.
[81] Ta'allül: Bahane arama.
[82] Mihmân: Misafir.

انواع نباتاتك چیچكلری آچیلمش، آغاجلر رنكارنك ازهار ایله طونانمش اولمغه پك زیاده محظوظ اولمشلر. گوكوللری كشایش بولمش. فوق العاده نشئه وشطارتله وقت گچیروب گتیردكلری صحرا طعاملرینی طیقه باصه كما اشتها ایله یمشلر. عزیمت زمانی گلمش. فقط بر تورلو بو گوزل گلزاردن آیریلمق ایستهمهدیكلرندن ر قاچ گون اوراده قالمغه قرار ویریرلر. ایچلرندن هر بری اَرفانه ایله اسباب صفادن برینی درعهده ایدر. كیمی باقلاوهسی بوركی بنم اوزریمه ، كیمی قوزو طولمهسی بنم اوزریمه كیمی زیتون یاغلی یاپراق طولمهسی بنم اوزریمه ، كیمی صالاتهسی یینیری، بورتقال الما ارمود كبی انواع یمشلر بنم اوزریمه دیدكلری صیرهده خواجهنك ده یوزینه باقمشلر. خواجهده بلا تعلل «بو ضیافت بویله اوچ آی دوام ایلهسه بیله اكر بن ده بورادن آیریلیرسهم اللهك، پیغمبرلرك، بوتون ملكلرك لعنتی بنم اوزریمه» دیمشدر.

(بروسه ده بر قارئكز) امضاسیله كلمشدر.

﴾ **لطیفه** ﴿ خواجه مرحوم بر مملكته گیدوب بر خانده مهمان اولمش. بر كون اوطه باشی یی چاغیرهرق «همشهری ! بن بو اوطهنك طاواننده ، كیریشلرینده آره صره قورقونج قورقونج چاتیر چوتور بر شیلر ایشیدییورم. بر اوسته كتیرده شونی بر اییجه معاینه ایتدیر !» دیرسهده اوطه باشی گولهرك «تلاش ایتمكّز افندم. بو بنا ییقلمامق اوزره یاپیلمشدر. اویله چاتیرتیلردن هایلامز. او چاتیرتی پاتیرتی عَصُرلردن قالمه كهنه بر بنا اولدیغندن طولایی دكل. سز خواجهسكّز. البته بیلیرسكّزكه دنیاده بوتون اشیا جناب رب العالمینی تسبح ایدرلر» دییه مغالطه ایله كلام حقی نابمحل استشهاده قالقنجه خواجه قارشیسنده مسئلهنك حقیقتنی ایضاح

۱۰۹

edecek kabiliyetde bir adam göremediginden onun fehmine tenezzül edüp demişdir ki: "İşte ben de ondan korkuyorum ya. Böyle tesbihi tehlîli artıra artıra nihâyet vecde gelüp bir gece ansızın secde-i istiğrâka kapanırsa!"

Beşiktaş ibtidayi mu'allimlerinden Nureddîn Efendi göndermişdir:

(**Latîfe**): Hoca merhûm talebelik hengâmında bir memlekete cerre gitmiş. vâkı'â her beldede, "hoş geldin, beş gitdin" gibi hâl hâtır sormak misilli şeyler eksik degilse de bura halkı biraz daha ileri giderek soyunu sopunu, akrabasını, eşini dostunu, işini gücünü de uzun uzadı sorar dururlarmış. Bir, beş Hoca bıkmış, âciz kalmış. Böyle bir suâle ma'rûz kalacağını bi't-tabi' asla hâtırlamayan Hoca Efendi kendi adını bile yeniden söyleyecek bir dalgınlıkda iken böyle etrâfıyla istintâka çekilince dürüst cevâb vermekde gerçekden müşkilât çekmiş. Ciddi sûretde sıkılmış. Hâlbu ki sâika-i ma'işetle onlara hüsn-i mu'âmele etmek dahi kendisi içün zarûri olmakla birgün odasına çekilüp o ana kadar kendisine suâl edilegelmekde olan ve suâl edilmesi muhtemel bulunan mesâili ihâtalı bir sûretde bir kâğıda süls kalemle yazup akşam köylü toplanup da henüz Hoca'yı yeni görenler hâl-i hâtıra başladıklarında veyâhûd başka bir semte gidüp ora halkı suâlleri îrâd edince Hoca mezkûr sahîfeleri uydurduğu gayet mazhak bir makam ile münâsib mevki'lerde envâ'-i tuhaflıklar îcâd ederek bütün köylüye karşı okuyup hem huzzârı mütebassıt eyler, hem de bu suâllerin tekerrüründen yakayı kurtarırmış.

ایدهجك قابلیتده بر آدم گورهمدیکندن اونك فهمینه تنزل ایدوب دیمشدر كه : ایشته بن ده اوندن قورقیورم یا. بویله تسبیحی تهلیلی آرتیره آرتیره یا نهایت وجده كلوب بر گیجه آنسزین سجدهٔ استغراقه قاپانیرسه!....»

بشیك طاش ابتدائی مكتبی معلملرندن م. نور الدین افندی كوندرمشدر:

﴿ لطیفه ﴾ خواجه مرحوم طلبهلك هنكامنده بر مملكته جرّه گیتمش. واقعا هر بلدهده «خوش كلدیك ، بش گیتدك» گبی حال خاطر صورمق مثللی شیلر اكسیك دكلسهده بورا خلقی براز دها ایلری كیدرك صوینی صوینی ، اقرباسینی، اشینی دوستنی، ایشینی، گوجنی ده اوزون اوزادی صورار طورورلرمش. بر، بش. خواجه بیقمش، عاجز قالمش. بویله بر سؤاله معروض قالهجغینی بالطبع اصلا خاطرلامایان خواجه افندی كندی آدینی بیله یكدن سویلهیهمهیهجك بر طالغینلقده ایكن بویله اطرافیله استنطاقه چكیانجه درست جواب ویرمكده گرچكدن مشكلات چكمش. حدّی صورتده صیقیلمش. حال بوكه سائقهٔ معیشتله اونلره حسن معامله ایتمك دخی كندیسی ایچون ضروری اولمغله بر گون اوطهسینه چكیلوب او آنه قدر كندیسینه سؤال ایدیله كلمكده اولان وسؤال ایدیلمهسی محتمل بولونان مسائلی احاطهلی بر صورتده بر كاغده ثلث قلمله یازوب آقشام كویلی طوپلانوب ده هنوز خواجهیی یگی گورنلر حال خاطره باشلادیقلرنده ویاخود خواجه باشقه بر سمته گیدوب اورا خلقی سؤاللری ایراد ایدنجه خواجه مذكور صحیفهلری اویدوردیغی غایت مضحك بر مقام ایله مناسب موضعلرده انواع تخفلقلر ایجاد ایدهرك بوتون كویلی یه قارشی اوقویوب هم حضّاری متبسط ایلر، هم ده بو سؤاللرك تكررندن یاقهیی قورتاریرمش.

١١١

(Hilâl) Matba'ası mürettiblerinden Vanlı Edhem Mazlûm Efendi göndermişdir:

(Latîfe): Hoca merhûm sabahleyin hânesinden çıkarken haremine "Bacı sultân! Akşama a'lâ bir bulgur pilavı pişir de seninle karşı karşıya gülüşe oynaşa yiyelim" der, gider. Hoca akşam üstü yorgun argın gelir. Soyunur, dökünür. Karnı zil gibi aç olmağla heman sofraya koşar. Bakar ki kadın sofrayı hazırlamış pilavın yanına tas yoğurtu ile yeşil soğanı da ilâve eylemiş olmağla Hoca "Âferin sana! Benim sevgili karıcığım" diye kemâl-i şevk ve şetâretle ve bir o kadar da iştihâ ile oturur. Kaşığı doldurup doldurup kemâ-iştihâ ile mi'deye indirmege başlar. Haremine karşı bin şaklabanlıklar yaparak kahkahalar ayyuka çıkar. Tam bu kerem-i iştihâ ve harâret-i neşe ve safâ esnasında komşu yetim çocuk boynu bükük, tavrı hazîn bir hâlde gelerek "Aman efendi amuca! Yetiş! Annem seni çağırıyor. Senden başka kimsemiz yok" demekle mücessem rahm ve şefkat olan Hoca heman fırlayup, koşar, gider. Yarım sâ'at sonra Hoca kaşları çatık, neşesiz bir hâlde gelir. Haremi sofraya da'vet ederse de rağbet etmez. Haremi meseleyi sorunca "Ne olacak! Kırk yılda güle oynaya karı koca bir bulgur pilavı yiyecekdik. Komşunun eşegi kuyruksuz sıpa doğurmuş" demiş.

Megerse zavallı komşu kadın, merkebi kuyruksuz bir a'cûbe doğurunca, henüz sıpa temizlenmediğinden ve evvelce hayvan doğurmasında bulunmadığından bambaşka bir şey sanmış. Hoca'yı çağırtmağa mecbûr olmuş.

(Latîfe): Hoca birgün yalınayak çift sürerken ayağına kocaman bir diken batmış. Ayağını parça parça etmiş. Bî-çâre

(هلال) مطبعه سی مرتبلرندن وانلی ادهم مظلوم افندی کوندرمشدر:

﴿ لطیفه ﴾ خواجه مرحوم صباحلاین خانه‌سندن چیقارکن حرمینه «باجی سلطان! آقشامه اعلا بر بولغور بیلاوی پیشیرده سکله قارشی قارشی یه گوله‌شه اویناشه بیبه‌لم» دیر، گیدر. خواجه آقشام اوستی یورغون آرغین گلیر. صویونور، دوکونور. قارنی زیل گیبی آچ اولمغله همان صوفره‌یه قوشار. باقارکه قادین صوفره‌یی حاضرلامش پیلاوك یانینه طاس یوغورتی ایله یشیل صوغانی ده علاوه ایله‌مش اولمغله خواجه «آفرین سکا! بنم سوگلی قاریجغم!» دییه کمال شوق وشطارتله وبر او قدرده اشتها ایله اوتورور. قاشیغی طولدوروب طولدوروب کما اشتها ایله معده‌یه ایندیرمکه باشلار. حرمینه قارشی بیك شاقلابانلقلر یاپه‌رق قهقهه‌لر عیوقه چیقار. تام بوگرمی اشتها وحرارت نشئه وصفا اثناسنده قومشو یتیم چوجوق بوینی بوکوك، طوری حزین بر حالده گله‌رك «آمان افندی عموجه! یتیش! آننه‌م سنی چاغیریییور. سندن باشقه کیمسه‌مز یوق» دیمکله مجسم رحم وشفقت اولان خواجه همان فیرلایوب قوشار، گیدر. یاریم ساعت صوكره خواجه قاشلری چاتیق، نشئه‌سز بر حالده گلیر. حرمی صوفره‌یه دعوت ایدرسه‌ده رغبت ایتمز. حرمی مسئله‌یی صورنجه «نه اوله‌جق! قرق ییلده گوله اوینایه قاری قوجه بر بولغور پیلاوی ییه‌جکدیك. قومشونك اشکی قویروقسز صیپا طوغورمش» دیمش.

مکرسه زواللی قومشو قادین؛ مرکبی قویروقسز بر اعجوبه طوغرونجه، هنوز صیپا تمیزلنمه‌دیکندن واوّلجه حیوان طوغورمه‌سنده بولونمه‌دیغندن بام باشقه بر شی صانمش. خواجه‌یی چاغیرتمغه مجبور اولمش.

﴿لطیفه﴾ خواجه بر گون یالین آیاق چیفت سوررکن آیاغینه قوجه‌مان بر دیکن باتمش. آیاغینی پارچه پارچه ایتمش. بیچاره

۱۱۳

Hoca ayağını soğuk suyla yıkayup temizledikden sonra ve sarup sarmaladıkdan sonra "Bereket versün ki geçen günkü aldığım yeni pabucları giymemişdim" demişdir.

(Metin) Matba'asında makineci Mahmud Efendi göndermişdir:

(Latîfe): Hoca merhûm merkeb süvâr olduğu hâlde bağçesinden hânesine azîmet eyledigi sırada şiddetli bir hareket-i arz[83] olmuş. Heman dâbbeden[84] inüp secdeye kapanmış. Arkadaşları hikmetini suâl eylediklerinde buyurmuş ki: "Bizim kulübe-i fakirâne bu şedîd hareketden şübhesiz yıkılmış veya oturulamaz bir hâle gelmişdir. Ya ma'azallah bu esnada ben evde bulunsaydım? Hâne yıkılup beni pestil etmese bile benim çokda...n yüregime iner. Öte dünyâya giderdim. Veyâhûd büsbütün çıldırırdım!".

(Ali Rıza) imzâsıyla gönderilen hikâyelerdendir:

(Latîfe): Zenginlerden biri Hoca merhûma talebeliginde beş yüz guruş verüp "Hoca Efendi! Beş vakit namâz akabinde bize du'a et!" demekle Hoca merhûm içinden elli guruş ayırup i'âde ederek "Efendim! Geceler kısa, boş boğazlıkların arkası o nisbetde uzun olmağla-Allah afv etsün- du'anız ekseriyâ sabah namâzına kalkamayorum kuşluk zamânı kaza ediyorum. Binâenaleyh sabah vaktinin ücretini tam almağa Cenâb-ı Hakk'dan hayâ ederim" demişdir.

Uşak Düyûn-ı Umûmiye memûru Zâde (Hüseyin Hamid) Beg göndermişdir:

(Latîfe): Hoca merhûm dağ köylerinin birinde bir fakirin kulübesine misâfir olur. Hamden-lillah İslâmiyet'in bî-şümârından biri de mihmân-nüvâzlık[85] olduğundan efkar-ı fukaradan olduğunu bütün mevcûdiyeti

---

[83] Hareket-i arz: Deprem.
[84] Dâbbe: Yürüyen mahluk.
[85] Mihmân-nüvâzlık: Misafirperverlik.

خواجه آیاغینی صوغوق صوییله ییقایوب تمیزله‌دیکدن وصاروب صارمه‌لادیقدن صوكره «بركت ویرسون كه كچن كونكی آلدیغم یكی پابوجلری كییمه‌مشدم» دیمشدر.

(متین) مطبعه سنده ماكنه جی محمود افندی كوندرمشدر :

﴿ لطیفه ﴾ خواجه مرحوم مركب سوار اولدیغی حالده باغچه‌سندن خانه‌سینه عزیمت ایله‌دیكی صیره‌ده شدّتلی بر حركت ارض اولمش. همان دابه‌دن اینوب سجده‌یه قاپانمش. آرقه‌داشلری حكمتینی سؤال ایله‌دیكلرینده بویورمش كه : بزم كلبئ فقیرانه بو شدید حركتدن شبهه‌سز ییقیلمش ویا اوتورول‌مز بر حاله كلمشدر. یا معاذ الله بو اثناده بن اؤده بولونسه‌یدیم ؟. خانه ییقلوب بنی پستیل ایتمه‌سه بیله بنم چوقدا ....ن یورَكیمه اینر. اوته دنیایه كیدردیم. ویاخود بوسبوتون چیلدیریردیم !

(علی رضا) امضاسیله كوندریلن حكایه لردند :

﴿ لطیفه ﴾ زنكینلردن بری خواجه مرحومه طلبه‌لكنده بش یوز غروش ویروب «خواجه افندی! بش وقت نماز عقبنده بزه دعا ایت !» دیمكله خواجه مرحوم ایچندن اللی غروش آییروب اعاده ایدرك «افندیم ! كیجه‌لر قیصه ، بوش بوغازلقلرك آرقه‌سی او نسبتده اوزون اولمغله ـ الله عفو ایتسون ـ داعیكز اكثریا صباح نمازینه قالقه‌مایورم قوشلق زمانی قضاایدییورم. بناءً علیه صباح وقتینك اجرتینی تام آلمغه جناب حقدن حیا ایدرم» دیمشدر.

عشاق دیون عمومیه مأموری زاده (حسین حامد) بك كوندرمشدر.

﴿ لطیفه ﴾ خواجه مرحوم طاغ كویلرینك برنده بر فقیرك كلبه‌سینه مسافر اولور. حمداً لله اسلامیتك فضائل بیشماردندن بری ده مهماننوازلق اولدیغندن افقر فقرادن اولدیغنه بوتون موجودیتی

şehâdet eden fakircegiz Hoca'yı kemâl-i memnûniyetle misâfir eder. Pek hazîn bir sûretde mâhazarıyla[86] Hoca'yı ağırlamağa son derece gayret eder. Hoca'ya pek sevdigi kaymakla, balla ziyâfet çeker. Tıka basa yemekligi içün esna-yı ta'âmda zavallı âdetâ ibrâm edüp Hoca balı, kaymağı, sütü çokca kaçırır. Ta'âmın buharıyla, yol yorgunluğuyla Hoca'nın erkenden gözleri kapanmağa başlayup yatsu namâzını uyuklayarak edâ eder etmez heman hâbgâha[87] düşer. Zaten topu bir odadan ibâret olan kulübe-i fakirânenin bir ucına Hoca'nın yatağını hazırlamışlar. Yanına da beş altı yaşında çocuklarının yatağını yapmışlar imiş. Hoca hazm müddetini bekleyüp vaktiyle def'-i hâcet eylemedigi cihetle o müleyyin müzrir ta'amda büyük küçük abdesti fenâ hâlde sıkışdırmış. Yavaşca kapuyu açup taşra çıkmak istemişse de kapu önünde yatan merkeb cüssesinde iri siyah müdhiş köpek zifiri karanlıkda gözlerini parlatarak, kar gibi dişlerini göstererek Hoca'nın üzerine (hırrrrr..) diye hücûm gösterince Hoca heman kapuyu dar kapamış. Bir müddet kıvranup çalkandıkdan sonra artık takati kalmayarak hezârân ihtirâzla bir parça kapuyu aralık eder etmez (hırrrrr...) diye yine köpek saldırınca heman kapuyu sedd eder. Düşünür, taşınır, öksürür, ses yapar, bî-çâre köylü yorgunlukdan ölü gibi sızmış kalmış olmağla hiçbir hareket göremez. Seslenmege utanır. Daha kim bilir ne gibi saygılar sayar. En-nihâye çocuğun yatağına küçügünü büyügünü hepsini birden koyuverir. Çekilir yatağına yatar. Sabah olup yataklar toplandığı sırada çocuğun yatağını devşirirken bir de bakarlar ki çocuk hilâf- memûl yatağı başdan başa ıslatmış. Gayet müdhiş bir sûretde berbâd ve mülevves eylemiş. Şimdi meselenin

---

[86] Mâhazar: Hazır olan ne varsa.
[87] Hâbgâh: uyku yeri.

شهادت ایدن فقیرجکز خواجه‌یه کمال ممنونیتله مسافر ایدر. پك
حزین بر صورتده ماحضریله خواجه‌یی آغیرلامغه صوك درجه
غیرت ایدر. خواجه‌یه پك سودیكی قایماقله، بالله ضیافت چكر.
طیقه‌باصه یمكلكی ایچون اثنای طعامده زواللی عادتا ابرام ایدوب
خواجه بالی ، قایماغی، سوتی چوقجه قاچیرر. طعامك بخاریله،
یول یورغونلغیله خواجه‌نك ایرکندن گوزلری قاپانمغه باشلایوب
یاتسو نمازینی اویوقلایه‌رق ادا ایدر ایتمز همان خوابكاهه دوشر. ذاتا
طوپی بر اوطه‌دن عبارت اولان گلبهٔ فقیرانه‌نك بر اوجینه خواجه‌نك
یاتاغینی حاضرلامشلر. یانینه‌ده بش آلتی یاشنده چوجوقلرینك
یاتاغینی یاپمشلر ایمش. خواجه هضم مدتینی بكله‌یوب وقتیله دفع
حاجت ایله‌مه‌دیكی جهتله اوملّیِّن مُدِرّر طعامده بویوك كوچوك
آبدستی فنا حالده صیقشدیرمش. یاواشجه قاپوی آچوب طاشره
چیقمق ایسته‌مشسه‌ده قاپو اوگنده یاتان مركب جثه‌سنده ایری سیاه
مدهش گوپك زیفیری قاراكلقده گوزلرینی پارلاته‌رق ، قار گیبی
دیشلرنی گوستره‌رك حواجه‌نك اوزرینه (خیرررر ..) دییه هجوم
گوسترنجه خواجه همان قاپویی طار قاپامش. بر مدّت قیورانوب
چالقاندیقدن صوگره آرتیق طاقتی قالمایه‌رق هزاران احترازله
بر پارچه قاپویی آرالق ایدر ایتمز (خیرررر ....) دییه یینه كوپك
صالدیرنجه همان قاپویی سد ایدر. دوشونور، طاشینیر، اوكسورور،
سس یاپار. بیچاره كویلی یورغونلقدن اولو گیبی صیزمش قالمش
اولمغله هیچ بر حركت گوره‌مز. سسلنمكه اوتانیر. دها كیم بیلیرنه
گیبی صایغیلر صایار. النهایه چوجوغك یاتاغنه كوچوكنی بویوكینی
هپسینی بردن قویی ویرر. چكیلیر یاتاغینه یاتار. صباح اولوب
یاتاقلر طویلاندیغی صیره‌ده چوجوغك یاتاغینی دَوشیریركن برده
باقرلرکه چوجوق خلاف مأمول یاتاغی باشدن باشه ایصلاتمش.
غایت مدهش بر صورتده برباد وملوّث ایله‌مش. شیمدی مسئله‌نك

۱۱۷

gayet igrenc ve cân sıkıcı olmasından ziyâde karı-koca köylü pisliğin mikdarı husûsunda hayret ederler. Çocuğun bu kadar çok kazâ-yı hâcet eylemesine şaşar, acîb vaz'iyetler gösterirler. "Çocuk hiç böyle bir şey yapdığı yokdu! Sonra da bu gayet çok ve acâyib bir pislik. Acaba çocuğa bu hâl nereden geldi? Yavrumuzu nasıl kurtarsak" gibi müşâvere, tazallum[88] ederler. Bir dane çocuklarına bir âfet erişmiş zan ederler pek ziyâde telâş etmeleriyle Hoca dayanamayup der ki: "Ev sahibleri! Ben size meselenin hakikatini söyleyeyim. Siz de bu misâfir-perverlik merakı devam edüp hânenizden mihmân eksik olmazken, ta'amını en nefis, nefâsiyetle beraber müleyyin[89] olan bal, kaymak, süt gibi şehrîlerin pek sevdikleri tu'meden[90] ibâret bulunurken, bunun üzerine kapunuzun önünde o div[91] gibi kara köpek en dehşetli ve heybetli yasakcılık vazîfesini hakkıyla îfâ ederken sizin çocuğunuz bu hastalıkdan kurtulamaz".

Selanik darü'l-mu'allimînlerinden (Mehmed Şevket Beg) Efendi ihdâ eylemişdir:

(Latîfe): Sûret-i zâhirde Hoca merhûma fevkalâde ta'zîmât göstermekde olan eşrâfdan bir kimsenin mükerreren vâki' olan ibrâmîlerine karşı mecbûr kalup birgün Hoca Efendi ziyâretine gider. Hâne sahibinin pencereden başka bir cihete bakup geri çekildiğini de görür. Kapuyu çalup da "Rahatsız etmezsem efendi hazretlerinin ziyâretine geldim" diye kemâl-i ümîd ve cesâretle söylemesine mukabil içeriden "Vah vah! Efendi şimdi çıkdı gitdi. Duyarsa pek müte'essif olacakdır" yolunda bir cevâba ma'rûz olunca Hoca'nın cânı sıkılup yüksek sesle "Pek güzel! Ancak efendinize

---

[88] Tazallum: Hâlinden şikayet etme.
[89] Müleyyin: Yumuşatan.
[90] Tu'me: Yiyecek.
[91] Div: Dev.

غايت ايكرنج وجان صيقيجى اولمەسندن زياده قارى قوجه كويلى بيسليكك مقدارى خصوصنده حيرت ايدرلر. چوجوغك بو قدر چوق قضاى حاجت ايلەمەسينه شاشار، عجيب وضعيتلر كوستريرلر. «چوجوق هيچ بويله بر شى ياپديغى يوقدى ! صوڭرەده بو غايت چوق وعجايب بر بيسلك. عجبا چوجوغه بو حال نرەدن گلدى؟ ياورومزى ناصل قورتارسەق» گيبى مشاوره ، تظلم ايدرلر. بر دانه چوجوقلرينه بر آفت ايريشمش ظن ايدرك پك زياده تلاش ايتمەلريله خواجه طايانامايوب ديركه: او صاحبلرى ! بن سزه مسئلەنك حقيقتينى سويلەيەيم. سزده بو مسافر پرورلك مراقى دوام ايدوب خانەكزدن مهمان اكسيك اولمزكن، طعامكز الڭ نفيس ، نفاستيله برابر ملين اولان بال، قايماق، سوت گيبى شهريلرڭ پك سوْديكلرى طعمەدن عبارت بولونوركن ، بونك اوزرينەده قاپوگزڭ اوكنده او ديو گيبى قاره گويك الڭ دهشتلى وهيتلى ياصاقجيلق وظيفەسينى حقيله ايفا ايدركن سزڭ چوجوغكز بو خستەلقدن قورتولەمز.

سلانيك دار المعلمينى معلملرندن (محمد شوكت بك) افندى اهدا ايله مشدر.

﴾ لطيفه ﴿ صورت ظاهرده خواجه مرحومه فوق العاده طرز تعظيمات كوسترمكده اولان اشرافدن بر كيمسەنك مكرراً واقع اولان ابراميلرينه قارشى مجبور قالوب بر كون خواجه افندى زيارتينه گيدر. خانه صاحبينك پنجرەدن باشقه بر جهته باقوب گرى چڭيلديكنى ده گورور. قاپويى چالوب ده «راحتسز ايتمزسەم افندى حضرتلرينك زيارتينه گلديم» دييه كمال اميد وجسارتله سويلەمەسينه مقابل ايچريدن «واه واه! افندى شيمدى چيقدى گيتدى» طويارسه پك متأسف اولەجقدر» يولنده بر جوابه معروض اولنجه خواجەنك جانى صيقيلوب يوكسك سسله «پك گوزل! آنجاق افنديكزه

١١٩

söyleyin de bir daha hâneden çıkup gitdigi vakt unutup da başını pencereden bırakmasun. Bir şey degil, halk bilmez. Kendisi de içeride zan eder. Kendisinden gördügü ca'lî iltifâtlara, ibrâmlara aldanarak işini bırakup da ziyârete gelenler böyle hilâf-ı memûl mu'âmele-i bâ-merdâneye ma'rûz olunca hem söger, sayarlar, hem de ebediyen merhâbayı keserler!.." demişdir.

(Latîfe): Bir meclis-i sohbetde ahvâl-i âhiret ve ahvâl-i kıyâmetden bahs olunup ehl-i meclis cidden hüzün ve intibâha müstağrak olduğu bir zamânda Hoca'yı tâ yanına oturtmuş olan Timur-leng derûnî bir ah çeküp "Hoca Efendi! Rûz-ı cezâda bizim hâlimiz ne olacak? Acaba bizim makamımız sadr cenneti mi olacak, yoksa ka'ur-ı nîrân[92] mı" diye suâl edince Hoca demiş ki: "Aman pâdişâhım! Gerçek siz de buralarını düşünür müsünüz? Kalb-i hümâyûnunuzu bu gibi şeylerle müteezzî[93] eylediğinde gerçekden müteessif oldum. Bana kalırsa siz hiç telâş buyurmamalısınız. Emr-i ukbâda tereddüd bile etmemelisiniz! Çünkü güneş gibi ayân ve beyândır ki zât-ı Cengiz-nejâd ve Hülagu i'tiyâd cihângîrâneleri hatm-i enfâs eder etmez, heman doğru cehennemde soluğu alacakları derkârdır. Nemrud ve Fir'aun ve İskender ve Cengiz gibi emsâl-i şehinşâhları ile berâber sadr-ı mu'alla-yı nîrânda mürebba' nişîn-i ihtişâm olacakları muhakkakdır."

Şems matba'ası mürettiblerinden (Abdulmuttalib) Efendi göndermişdir:

(Latîfe): Hoca merhûm maraz-ı mevtinde haremine "Haydi karıcığım! En fâhir, en müzeyyen elbiseni giyin. Saçını başını düzelt. Çehreni son derece nurlandır. Ne kadar süslenmek lazımsa

---

[92] Ka'ur-ı nîrân: Ateşin en derin yeri.
[93] Müteezzî: Eziyet gören, cefa çeken.

سويلەيك دە بر دها خانەدن چيقوب گيتديكى وقت اونوتوب دە
باشينى پنجرەدن بيراقماسون. بر شى دكيل، خلق بيلمز. كنديسى
دە ايچرىدە ظن ايدر. كنديسندن گورديكى جعلى التفاتلرە، ابراملرە
آلدانەرق ايشينى بيراقوب دە زيارتە گلنلر بويلە خلاف مأمول معاملۀ
بامر دانەيە معروض اولنجە هم سوكر، صايارلر؛ هم دە ابدياً مرحبايى
كسرلر!..» ديمشدر.

﴿ لطيفه ﴾ بر مجلس صحتنده احوال آخرت واهوال قيامتدن
بحث اولونوب اهل مجلس جدّاً حزن وانتباهه مستغرق اولديغى
بر زمانده خواجەيى تا يانينه اوتورتمش اولان تيمورلنك درونى
بر آه چكوب «خواجه افندى! روز جزادە بزم حالمز نه اولەجق؟
عجبا بزم مقاممز صدر جنتمى اولەجق، يوقسه قعر نيرانمى» دييه
سؤال ايدنجه خواجه ديمش كه: امان پادشاهم! گرچك سزده
بورالرينى دوشونيورميسكز. قلب همايونكزى بو گيبى شيلرله متأذى
ايلەديككزه گرچكدن متأسف اولديم. بكا قاليرسه سز هيچ تلاش
بويورمامەليسكز. امر عقباده تردد بيله ايتمەمەليسكز! چونكه گونش
گيبى عيان وبياندر كه ذات جنكيز نژاد وهلاكو اعتياد جهانكيرانەلرى
ختم انفاس ايدر ايتمز، همان طوغرو جهنمده صولوغى آلەجقلرى
دركاردر. نمرود وفرعون واسكندر وجنكيز كبى امثال شهنشاهلرى
ايله برابر صدر معلاى نيرانده مربع نشين احتشام اولەجقلرى
محققدر.

شمس مطبعه سى مرتبلرندن (عبد المطلب) افندى كوندرمشدر:

﴿ لطيفه ﴾ خواجه مرحوم مرض موتنده حرمينه «هيادى
قاريجغم! الُّ فاخر، الُّ مزين البسەكى گين. صاچكى باشكى
دوزلت. چهرەكى صوك درجه نورلاندير. نەقدر سوسلنمك لازمسه

١٢١

gayret et. Öylece gel" der. Kadın "Ah efendicigim! Sizin böyle ızdırâblı bir zamânınızda hıdmetinizi bırakayım da elim süslenmege nasıl varsın? Ben onu dünyâda yapamam. Hem şimdi bu neden iktizâ etdi? Beni o kadar vicdânsız, ni'met kadri bilmez mi sandın?" demekle Hoca "Hayır karıcığım! Senin aklına gelen şeyler degil! Maksadım bambaşkadır. Görüyorum ki ecelim yaklaşdı. Azrail daima etrafında kıvranup duruyor. Seni öyle elbise-i fâhire ile melek-sîmâ, tavus hırâm hâlde görürse belki seni alır da beni bırakır diye arzû ediyorum. Anladın mı şimdi sırr ve hikmetini" deyince kadın ne diyecegini, ne vaz'iyetde bulunacağı bilemeyüp şaşkın şaşkın baka kalmış, orada bulunan yaşlı kadınlardan biri de "İlahî Efendi! Üstünden ırak, ama son nefese de gelsen yine huyundan vazgeçmezsin" demege mecbûr olmuşdur.

(Latîfe): Merhûmun en ziyâde korkdığı ölüm imiş. Hatta tasviriyle bile sinirleri gevşer, kendinden geçermiş. Bu sebebden dolayı ekseriya ihvân ve yârânı ölümle sârâkaya[94] alırlarmış. Nitekim bu külliyâtdaki ba'zı fıkrât da buna delâlet eder. Hâl böyle iken maraz-ı mevtinde kat'iyen telâş etmemiş. Lâzım gelen vesâyâsını ve mevâcib-i dîniyesini îfâ etdikden sonra bâki hayâtı son nefesine kadar ehl-i beytiyle ve yârânıyla gülüşüp latîfeleşerek geçirmiş. ba'zıları buna müte'accib[95] olarak "Hoca Efendi sen eskiden ölüm korkusundan-lakırdısıyla bileölüm hâline gelirdin. Şimdi görüyoruz hiç fütûr getirmiyorsun. Bunun sebeb ve hikmeti nedir" demişler. Hoca buyurmuş ki: "Evlâdlarım! O zamânlar bizim bunca telaşımız bu kerteye gelmeden, bu yatağa serilmekden kaçınmak idi. Şimdi olan oldu,

---

94 Sârâka: Eğlenme.
95 Müte'accib: Şaşan.

غيرت ايت. اويلەجه قارشيمه گل» دير. قادين «آه افنديجكم! سزڭ بويله اضطرابلى بر زمانگزده خدمتكَزى بيراقەيم ده الم سوسلنمكه ناصل وارسين؟ بن اونى دنياده ياپەمم. هم شيمدى بو نەدن اقتضا ايتدى؟ بنى او قدر وجدانسز، نعمت قدرى بيلمزمى صانديك؟» ديمكله خواجه «خير فاريجغم! سنك عقلكَه گلن شيلر دكل! مقصدم بام باشقەدر. گوريورم كه اجلم ياقلاشدى. عزرائيل دائما اطرافمده قيورانوب طوريور. سنى اويله البسهٔ فاخره ايله ملك سيما، طاووس خرام بر حالده گوررسه بلكه سنى آليرده بنى بيراقير دييه آرزو ايدييورم. آكلاديكَمى شيمدى سر وحكمتينى» دينجه قادينه نه دييەچكنى، نه وضعيتده بولونەجغى بيلەميوب شاشقين شاشقين باقەقالمش، اوراده بولونان ياشلى قادينلردن برى ده «الهى افندى! اوستكَدن ايراق، اما صوك نفسەده گلسەكَ يينه خويكدن واز كچمزسين» ديمكه مجبور اولمشدر.

﴾ لطيفه ﴿ مرحومك الَ زياده قورقديغى اولوم ايمش. حتى تصوريله بيله سيكَيرلرى كَوْشَرْ، كندندن گچرمش. بو سببدن طولايى اكثريا اخوان ويارانى اولوملە صاراقەيه آليرلرمش. نيتەكيم بو كلياتدەكى بعض فقرات ده بوكَا دلالت ايدر. حال بويله ايكن مرض موتنده قطعياً تلاش ايتمەمش. لازم كلن وصاياسنى ومواجب دينيەسنى ايفا ايتديكدن صوكَره باقى حياتى صوك نَفَسِنه قدر اهل بيتيله ويارانيله گولوشوب لطيفەلەشەرك گچيرمش. بعضيلرى بوكَا متعجب اولەرق «خواجه افندى سن اسكيدن اولوم قورقوسندن ـ لاقيرديسيله بيله ـ اولوم حالنه گليرديك. شمدى گورويورز هيچ فتور گتيرمەيورسين. بونك سبب و حكمتى نەدر» ديمشلر. خواجه بويورمش كه: «اولادلرم! او زمانلر بزم بونجه تلاشيمز بو كرتەيه گلمدن، بو ياتاغه سريلمكدن قاچينمق ايدى. شيمدى اولان اولدى،

azrail kapuya dikildi. Bundan böyle âhiret hazırlığını görelim. Son nefesimizde îmânımızın selâmeti çaresine bakalım".

Karilerinizden (Esra) imzâsıyla gelmişdir:

(Latîfe): Hoca Nasreddîn, rahmetullahi aleyhin vefâtından bir iki asır sonra bir Cum'a günü binlerce ahâlî, memleketin kadîm ulu câmi'inde namâz kılmak üzere toplandığı bir sırada nâgehân Hoca Nasreddîn merhûmun tıbkı hılyesine[96] mutâbık ve saflığına, şaklabanlığına tamamıyla vâris olan türbedârı kisve-i acîbi ve sîmâ-yı mazhakı ile câmi'in orta, büyük kapusunda nümâyân olup bülend-âvâzla "Ey ahâlî! Size gayet acîb bir şey söylecegim. Abdest aldım, câmi'e gelmek üzere türbe kapusını kilidleyecegim esnada Hoca Nasreddîn merhûmu ayn sîmâsı, ayn çehre-i handânî, ayn tavr-ı acîbi, ayn kisve-i mahsûsası ile gördüm. Sandukasına at gibi binmiş, etrâfı seyr ediyor. Bana "Şimdi ulu câmi' cemâ'tini çağır. Gelmeyen olursa kendi cânına kıymış olur!" dedi deyince Hoca merhûma i'tikad-ı tammı olan ve-zühd ve salâhından nâşî-türbedâra da ayrıca hüsn-i zannı bulunan bütün ahâlî türbeye koşar. Bi't-tabi' Hoca'yı göremezler. Zâten böyle kerâmetini görüp âbâ ve ecdâdlarından an'ane ile işide işide bir i'tikad-ı râsih hâsıl eyleyen ahâlî hep gülüşerek "Hay koca mu'zib! Ara sıra bizimle alay etmekden de vazgeçmezsin. Bu vesîle ile daimâ hemen bizimle hâzır olduğunu anlatıyorsun!" diye ba'zı kelimât-ı mu'tekidâne sarf ederler. Hep birden fâtiha okurlar. Gülüşerek câmi'e avdet ederler. Bir de bakarlar ki câmi'in kubbesi takımıyla göçmüş.

---

[96] Hılye: Güzel sıfatlar, iyi hasletler.

عزرائيل قاپويه ديكيلدى. بوندن بويله آخرت حاضرلغنى كوره‌لم.
صوڭ نفسمزده ايمانمزك سلامتى چاره‌سنه باقه‌لم»

قارئلريكزدن (اسرى) امضاسيله كلمشدر:

❋ لطيفه ❋ خواجه نصر الدين «رحمة الله عليه» كڭ وفاتندن
بر ايكى عصر صوڭره بر جمعه كونى بيكلرجه اهالى؛ مملكتك
قديم اولو جامعنده نماز قيلمق اوزره طوپلانديغى بر صيره‌ده
ناكهان خواجه نصر الدين مرحومك طبقى حليه‌سينه مطابق
وصافلغينه، شاقلابانلغينه تماميله وارث اولان تربه‌دارى كسوهٔ
عجيبى وسيماى مضحكى ايله جامعك اورته، بويوك قاپوسنده
نمايان اولوب بلند آوازله «اى اهالى! سزه غايت عجيب بر شى
سويله‌يه‌جكم. آبدست آلديم. جامعه كلمك اوزره تربه قاپوسينى
كليدليه‌جكم اثناده خواجه نصر الدين مرحومى عين سيماسى،
عين چهرهٔ خندانى، عين طور عجيبى، عين كسوهٔ مخصوصه‌سى
ايله كورديم. صندوقه‌سينه آت كيبى بينمش؛ اطرافى سير ايدييور.
بكا «شيمدى اولو جامع جماعتينى چاغير. كلمه‌ين اولورسه كندى
جانينه قيمش اولور!» ديدى دييينجه خواجه مرحومه اعتقاد تامّى
اولان و- زهد وصلاحندن ناشى - تربه‌داره ده آيريجه حسن ظنّى
بولونان بوتون اهالى تربه‌يه قوشار. بالطبع خواجه‌يى كوره‌مزلر.
ذاتاً بويله كراماتينى كوروب آبا واجدادلريندن عنعنه ايله ايشيده
ايشيده بر اعتقاد راسخ حاصل ايله‌ين اهالى هپ كولوشه‌رك «هاى
قوجه معذب! آزه صيره بزمله آلاى ايتمكدن ده واز كچمزسين. بو
وسيله ايله دائما همك حاضر اولديغينى آڭلاتيورسين!» دييه
بعض كلمات معقدانه صرف ايدرلر. هپ بردن فاتحه اوقورلر.
كولوشه‌رك جامعه عودت ايدرلر. برده باقارلر كه جامعك قبّه‌سى
طاقيمله كوچمش.

۱۲۵

BİBLİYOGRAFYA

Büyük Osmanlıca-Tükçe Sözlük, haz. Mustafa Nihat Özün, İstanbul 1979.

Kâmûs-ı Türkî, müellifi: Şemseddin Sami, İstanbul 1989.

Kâmûsü'l-a'lâm, müellifi: Şemseddin Sami, I-VI, Ankara 1996.

Osmanlı Tarih Deyimleri ve Terimleri Sözlüğü, haz. Mehmet Zeki Pakalın, I-III, İstanbul 2004.

Osmanlı Tarih Lûgatı, haz. Midhat Sertoğlu, İstanbul 1986.

Osmanlı Tarih Sözlüğü, haz. Fehmi Yılmaz, İstanbul 2010.

Osmanlıca Sözlük, haz. Mehmet Kanar, İstanbul 2000.

Osmanlıca - Türkçe ansiklopedik büyük lugat, haz. Abdullah Yeğin, Abdulkadir Badıllı, Hekimoğlu İsmail, İlhan Çalım, İstanbul 1978.

Osmanlıca - Türkçe ansiklopedik lugat : eski ve yeni harflerle, haz. Ferit Devellioğlu, Ankara 1980.

Osmanlıca Türkçe ansiklopedik sözlük, Arif Hikmet Par, İstanbul 1984.

Osmanlıca Türkçe sözlük, haz. Derya Örs, Hicabi Kırlangıç, Ahmet Eryüksel, Ankara 2004.

Ötüken Türkçe sözlük : (Tap-züz, Osmanlıca dizin), haz. Yaşar Çağbayır, İstanbul 2007.

Tarih Lugatı: Osmanlı Tarih Deyimleri ve Terimleri Temel Sözlüğü, haz. Kamil Kepeci, Ankara trsz.

Turkish and English Lexicon, ed.by. Sir James W. Redhouse, İstanbul 2006.

XIII. yüzyıldan beri Türkiye Türkçesiyle yazılmış kitaplardan toplanan tanıklarıyla tarama sözlüğü, I-VIII, Ankara 1963-1977.

Yeni Tarama Sözlüğü, düzenleyen: Cemil Dilçin, Ankara 1983.